Liebe dich selbst
Wie du ein Leben mit mehr Selbstliebe, Selbstbewusstsein und Achtsamkeit führst

Autor – Anna Weidinger

Inhaltsverzeichnis

Ich widme dieses Buch meiner Schwester Eva Maria.
Wir sind aus demselben Eisen geschmiedet, aber
trotzdem sehr verschieden.
Manchmal ein sehr ungleiches Paar –
aber immer in Liebe verbunden!

Ich bin sehr, sehr dankbar, Dich als meine Schwester
zu haben. Wenn wir auch nur wenig Zeit miteinander
verbringen so bin ich mit meinem Herzen immer bei
Dir und meinen liebsten Patenkindern.
Ihr seid ein Teil von mir und ich danke Euch, dass es
Euch gibt!

Wir sind auf ewig im Herzen verbunden.

Deine Schwester

Vorwort

Viele Menschen bringen mit dem Wort Selbstliebe Egoismus und Eigennützigkeit in Verbindung. Das mag grundsätzlich nicht falsch sein, doch geht es hier um ein gesundes Maß an Selbstbewusstsein, welches jeder Mensch benötigt, um ein glückliches und erfülltes Leben genießen zu können. Natürlich geht es nicht darum, die Liebe zu sich selbst in Narzissmus ausarten zu lassen, doch gibt es ja noch das harmonische Mittelmaß. Dabei ist es nicht nur wichtig, sich selbst zu lieben und Wert zu schätzen, sondern auch darum, uns das regelmäßig zu zeigen und uns entsprechend Zeit für uns zu nehmen. Dies gilt sowohl für den eigenen Körper als auch für Geist und Seele. Achtsamkeit spielt in diesen Zusammenhang eine sehr wichtige Rolle, denn nur wer sich seiner Bedürfnisse bewusst und entsprechend achtsam ist, kann auf diese Bedürfnisse eingehen und sie stillen.

Kennst du das auch? Die To do Liste der nächsten Tage oder Wochen im Kopf oder Fragmente der Vergangenheit, in denen du dich geärgert hast? Vielleicht gehst du gerade die Straße entlang, die Sonne scheint und die Vögel zwitschern. Aber du hast keinen Sinn für deine Umgebung, weil du diese gar nicht wahrnimmst.

So geht es den Meisten von uns. Selbstliebe und -

bewusstsein scheinen dabei Begriffe aus alten Zeiten, die schon längst aus der Mode gekommen sind. Wer hat noch Zeit für so etwas, werden sich viele gestresste Menschen mit Blick auf ihr Handy und auf die Uhrzeit fragen. Oder du grübelst, wie du deine Ehe verbessern, deine Umwelt beeindrucken oder generell glücklich sein kannst. Die Antwort ist ebenso einfach wie effektiv.

Der Schlüssel dazu lautet:

Lebe im Hier und Jetzt.
Achtsamkeit und Mut

Sei achtsam genug zu erkennen: wann tut mir was gut, wann nicht und sei mutig genug, genau diese Sachen zu ändern. Ich nenne dir ein paar Beispiele: Sei mutig genug zu sagen, dass niemand anderen etwas angeht, was du machst oder eben nicht machst. Sei mutig genug NEIN zu sagen, wenn deine innere Stimme sagt: „Eigentlich hab ich ja gar keine Zeit ihr zu helfen oder ich will mich jetzt nicht mit ihr treffen.....“, sei mutig genug STOPP zu sagen, wenn wieder mal deine Grenze überschritten wird – aber dafür ist es notwendig zu erkennen: was dir gut tut und was nicht – daher Achtsamkeit! Aber mehr in dem

Kapitel „Der Zusammenhang zwischen Selbstliebe und Achtsamkeit“

Wenn wir ständig in der Vergangenheit hängen bleiben oder drohen uns in den Zukunftsängsten zu verlieren, geht das wirkliche Leben an uns vorbei. Das Gleiche gilt, wenn wir stets den Fokus auf jene Dinge im Leben setzen, die nicht so perfekt laufen. Der Blick auf die schönen Dinge wird damit verdunkelt und verstellt, so dass sie nicht mehr sichtbar sind. Im Klartext bedeutet das, es geht um nichts Geringeres als um dein Glück. Für welche Seite im Leben entscheidest du dich? Nicht umsonst gibt es dieses Sprichwort, welches besagt:

„Jeder ist seines Glückes Schmied“

Nun könnte man natürlich entgegenhalten, dass es viele arme Menschen gibt, die sich ihr Schicksal nicht ausgesucht haben und die wirklich schlecht dran sind. Das mag sicher zutreffen, doch gibt es auch immer eine Wahl in den kleinen Dingen des Lebens. Und genau die machen das Leben letztendlich zu einem großen Teil aus. Wenn du zum Beispiel ständig angespannt bist und dir Sorgen machst, dass etwas nicht so eintritt, wie du es geplant hast, ist das natürlich frustrierend. Vor allem, wenn du stets unangenehme mögliche Konsequenzen im Kopf hast, welche du erfahren wirst, wenn Plan A oder Plan B nicht eintreffen und dein ganzes Lebenskonzept scheinbar auseinanderbricht.

Natürlich gibt es kein Zaubermittel, welches die ganzen negativen Gedanken und Sorgen verjagt. Aber es stehen uns Instrumente und Werkzeuge zur Verfügung, die uns dabei helfen, bewusster zu leben und Achtsamkeit zu üben. Dieser Ratgeber wird dich dabei erfolgreich unterstützen. Du kannst diesen je nach Bedarf immer wieder lesen, denn der Mensch neigt dazu zu Vergessen. Daher gibt es in allen Religionen Mantras, Gebete und Meditationsstunden. Um sich daran zu erinnern, was wichtig ist im Leben und das jeden Tag aufs Neue, um dem Vergessen ein wirksames Gegenmittel zu bieten.

In diesem Ratgeber wirst du genau erfahren, was Achtsamkeit und Selbstliebe überhaupt ist und welche Ziele dahinter stecken. Auch wird die Frage thematisiert, was uns denn daran hindert, im Hier und Jetzt zu leben und welche Ursachen dafür zu finden sind. In diesem Zusammenhang werden verschiedene und sehr wirksame Methode aufgezeigt, wie Selbstliebe letztendlich zu erlangen ist.

Die Übungen sind einfach umzusetzen und bereits nach wenigen Tagen wirst du eine positive Veränderung bemerken, denn du hast gelernt, deine Perspektive zu ändern. Dabei geht es nicht darum, Probleme und Herausforderungen zu verdrängen, sondern aus dem richtigen Blickwinkel zu betrachten. So nimmt dieser Anteil in deinem Leben nicht die Überhand, sondern wird auf den ihm angemessenen Platz verwiesen. Wenn wir Menschen uns erst Glück und Zufriedenheit zugestehen, wenn alles perfekt in unserem Leben läuft, könnten wir wahrscheinlich ewig warten, denn Perfektion gibt es auf dieser Welt einfach nicht, egal wie sehr wir uns auch anstrengen, einem von uns erdachten Optimum entgegen zu streben.

Sei dabei aber auch nicht zu streng mit dir, wenn du dir vornimmst, in Zukunft achtsamer zu leben und das Leben mehr zu genießen, denn auch diesbezüglich gibt es keine Perfektion. Zwischendurch gewinnen immer wieder mal die alten Gewohnheiten und Denkmuster die Oberhand und auch das gehört durchaus zum Leben dazu. Dann nimm einfach wieder deinen gewünschten Kurs auf, übe dich weiter in Selbstliebe und werde von Lebensphase zu Lebensphase besser darin. Es ist aber ganz essenziell, dass du dabei bleibst und dich ständig verbessern willst.
Ich wünsche dir nun ganz viel Spaß mit diesem Buch

Deine

Anna Weidinger

Ich liebe mich –

dies ist die einfachste Medizin,

die wir kostenlos zur
Verfügung haben

und dennoch ist sie

die seltenste,

auf die wir zugreifen!

(Dantse Dantse)

Was bedeutet Selbstliebe und was ist das Ziel dahinter?

Selbstliebe stellt einen Bewusstseinszustand dar, welcher sich vor allem durch Aufmerksamkeit und konzentrierte Wahrnehmung auszeichnet. Auf diese Weise können Leiden und negative Gedanken verringert oder aufgelöst werden. Im Buddhismus ist der Zustand der Selbstannahme schon seit vielen Jahrhunderten von besonderer Bedeutung, wenn es um Meditation und spirituelle Praxis geht. Im Westen werden einzelne Elemente der Achtsamkeit aufgegriffen und therapeutisch genutzt. Ein wichtiges Merkmal der Achtsamkeit ist es, auf jede Art Wertung und Beurteilung zu verzichten, denn diese Wertungen können das Bewusstsein wieder ablenken und in die Subjektivität führen. Bei der Achtsamkeit geht es aber um aufmerksames Schauen, Hören, Schmecken, Fühlen und Riechen. Die Umgebung im hier und jetzt wahrnehmen ohne Wertung, das ist natürlich nicht leicht. Es bedarf dabei der stetigen Übung. Das Ziel dahinter ist, einfach mal loszulassen von all den Wertungen, Verurteilungen, Meinungen und dergleichen. Das ist Balsam für die Sinne, denn das innere Geschwätz kann anstrengend sein und von der gegenwärtigen Situation ablenken.

Das innere Geschwätz beschränkt sich dabei nicht nur auf Situationen in der Gegenwart, sondern springt munter hin und her, so dass es uns Menschen richtig schwindelig werden kann. Je bewusster wir werden und nach innen gehen, umso lauter werden die inneren Stimmen nämlich, da wir sie nicht mehr überdecken. Da sind die inneren Kritiker, die ständig mosern, wie ungerecht der Chef ist, wie egoistisch der Ehepartner, wie anstrengend die Kinder sind und dergleichen. Im Grunde gibt es ja ständig und stetig etwas zu nörgeln.

Der Schlüssel für Selbstliebe:

Frage dich: worauf liegt mein Fokus im Leben - ständig auf dem negativen (was nicht funktioniert, was du alles nicht in deinem Leben hast…) oder auf dem positiven (wie schön dein Leben eigentlich schon ist, wie gesegnet du mit deinen Freunden, deiner Familie, deinen Kinder, deiner Arbeit eigentlich schon bist…)

Wenn du in Zukunft achtsam leben willst, um ein zufriedeneres Leben zu führen, kommst du zunächst nicht umhin, dich mit deinen eigenen ständigen Gedanken zu konfrontieren. Du kannst diese Gedankenströme zwar nicht abschalten und darum geht es auch gar nicht. Aber du kannst lernen, es zu steuern, umzuprogrammieren.

Wenn du deine Gedanken nämlich nicht im Griff hast, haben dich die Gedanken im Griff. Dann könntest du dich ein Leben lang darüber ärgern, wie schlecht deine Kindheit war, wie ungerecht es ist, dass du an dieser oder jener Krankheit leidest oder dass du Pech in deiner letzten Beziehung hattest. Es gäbe sicher unzählige Dinge, für die es sich lohnt, sich zu ärgern. Ebenso gut kannst du aber auch die Vergangenheit ruhen lassen, und dich auf ein selbstbestimmtes Leben konzentrieren.

Der Schlüssel für Selbstliebe:

Übernimm die Verantwortung für dein Leben und deine Taten in vollem Umfang.

Niemand anderes ist verantwortlich für dein Leben als DU. Niemand. Nun kannst du sagen: Ja, aber ich kann doch nichts dafür, dass mein Freund mich betrogen hat. Ich sage dir - du bist nicht dafür verantwortlich, dass er dich betrügt, aber du bist sehr wohl dafür verantwortlich, wie du damit umgehst oder auch hinterfragst, wie es dazu kommen konnte. Denn ich war schon mal in der Situation und das Allereinfachste ist es zu sagen: „Dieses Schwein, dieser Betrüger usw." Glaube mir, ich habe genau das auch gemacht. Bis ich hinterfragt habe, ob ich mit dieser Situation vielleicht doch etwas zu tun habe.

Ich kam zu dem Ergebnis, dass ich ebenso für unsere Beziehung verantwortlich bin, wie mein Freund/Mann und dass ich sehr wohl viel dazu beigetragen habe, dass er nach Außen gegangen ist und sich von mir entfernt hat. Ich heiße hiermit natürlich nicht gut bzw. dass es vollkommen in Ordnung ist, wenn in der Beziehung mal was nicht passt, man sich dann auch durchaus mal anders orientieren kann. Nein, erstens geht eine Unzufriedenheit in einer Beziehung ja meist über längere Zeit einher und meist haben die Paare nicht oder zu wenig miteinander gesprochen.

Das was ich sagen will, ist, wenn heutzutage jeder für sich und sein Tun die Verantwortung übernehmen und nicht immer alles auf andere abschieben würde, hätten wir eine bessere Welt.

Die Menschen würden bessere Beziehungen (und damit meine ich nicht nur Liebesbeziehungen) führen, die Menschen würden überhaupt mehr miteinander sprechen und es wären mehr Macher unter uns. Menschen, die wirklich ihr Leben in die Hand nehmen wollen und sogar müssen. Aber das geht nun zu weit, dafür gibt es ein eigenes Buch über Beziehungen! □

So ist es auch mit der Liebe zu sich selbst. Wenn du die Verantwortung für dich und dein Leben zu 100% übernimmst, dann bist du es dir schuldig, gut für dich zu sorgen, gut zu dir zu sein, dich an die aller erste Stelle zu setzen. Du bist sozusagen sogar dazu verpflichtet!

Du ziehst manche Situationen in dein Leben, um bestimmte Lektionen zu lernen! Wichtig ist zu erkennen, dass du zu jedem Zeitpunkt das Beste getan oder gesagt hast, was du in der Lage warst zu tun oder zu sagen. Du warst zu jedem Zeitpunkt der beste Mensch, der du sein konntest und hast die besten Entscheidungen getroffen, die du treffen konntest.

Schlüssel für Selbstliebe:

Erkenne und akzeptiere, dass du zu jedem Zeitpunkt der beste Mensch warst, zu dem du imstande warst und dass jede Entscheidung, die du in deiner Vergangenheit getroffen hast, die Beste zu jenem Zeitpunkt war.

Das hilft dir die Vergangenheit loszulassen und dich nicht ständig für vermeintlich falsche Entscheidungen selbst zu verurteilen. Einfach loslassen und im Hier und Jetzt leben kann dabei unheimlich erfrischend sein. Trainiere dich in deinen Gedanken. Gewöhne dir an, achtsam mit deinen Gedanken zu sein. Jeden Tag mehr und mehr!

Schlüssel für Selbstliebe:

Gewöhne dir an, achtsam mit deinen Gedanken zu sein. Sehr achtsam - besonders was die Gedanken über dich selber betrifft.

Du brauchst zur Selbstliebe einen wirklich eigenen Willen. Dein Kopf gehört dir und wie der Schriftsteller Frank MC Court zu sagen pflegte, können Gedanken wie Edelsteine sein, kostbare Edelsteine, die nur dir gehören. Das Ziel, welches dahintersteckt, lohnt sich allemal, auch wenn es anfangs zunächst schwierig erscheint. Mit der Zeit wirst du immer gelassener, es bringt dich nichts mehr so schnell auf die Palme und du stehst quasi über den Dingen. Weil du genau weißt, dass sich nichts an den Dingen ändert, wenn du dich aufregst. Sicher kennst du das Gefühl, wenn du dich einem wütenden Impuls hingegeben hast und danach ganz erschöpft bist. Es ist wie ein Kampf gegen Windmühlen. Wir sind erschöpft und müde und haben dennoch nichts bewirkt. Sicher ist es manchmal wichtig, Dampf abzulassen. Aber wir sollten schon sehen, dass es nicht zur täglichen Gewohnheit wird, auch nicht in unserem Kopf. Später werden noch genaue Techniken aufgezeigt, mit welchen Achtsamkeit effektiv gelernt und angewendet werden kann. Diese Techniken kannst du dabei so oft wiederholen, wie du möchtest. Je öfter du diese verwendest, umso fester manifestieren sie sich in deinem Unterbewusstsein.

Verhaltensforscher haben herausgefunden, dass es etwa sechs Wochen dauert, eine neue Gewohnheit oder ein Denkmuster in seinem Alltag zu integrieren. Habe also Geduld mit dir, wenn du nicht nach einigen Tagen Buddha auf dem Berg bist und immer noch nörgelnde oder negative Gedanken hegst. Sei nachsichtig mit dir selbst.

Es ist nicht leicht
Glück in sich zu finden,
aber unmöglich, es woanders
zu finden.

(Agnes Repplier)

Der Zusammenhang zwischen Selbstliebe und Achtsamkeit

Natürlich möchte jeder von uns im Hier und Jetzt leben und sein Leben genießen, so gut es geht. Doch tauchen jeden Tag immer wieder neue Faktoren auf, welche uns daran zu hindern scheinen. Doch was sind diese Faktoren und welche Ursachen haben sie? Diesen Dingen gilt es auf den Grund zu gehen, wenn du Achtsamkeit üben und im Leben umsetzen möchtest.

Ein Selbsttest, um zu sehen, wie achtsam du schon bist:

Wenn du dich auf die Terrasse setzt oder auf das Sofa, dann kannst du einen Selbsttest machen: Setze dich zu diesem Zweck einfach hin. Du kannst es dir bei einer Tasse Kaffee oder auch einem Glas Wein gemütlich machen. Es soll für dich einfach entspannt sein. Du hast sonst aber weiter nichts zu tun - solange, bis du das Getränk ausgetrunken hast. Du wirst nun nach kurzer Zeit merken, wie die Gedanken kommen und jetzt bitte ich dich besondere Achtsamkeit darauf zu lenken, was du so denkst. Nicht selten ist es dabei so, dass deine Gedanken dabei von einem Thema zum anderen wechseln, so schnell, dass die einzelnen Gedankensprünge kaum nachvollzogen werden können.

Versuche dennoch, deinen Gedanken zu lauschen und du wirst feststellen, dass diese auch Zeitsprünge machen. In der einen Sekunde denkst du vielleicht noch unbewusst, wie du dich als Kind ungerecht von deinem Vater behandelt gefühlt hast und in der anderen Sekunde fällt dir ein, dass du noch unbedingt deine Steuererklärung machen musst.

Diese und ähnliche Gedanken halten dich davon ab, im Hier und Jetzt zu verweilen. Die Ursachen sind dabei vor allem darin zu sehen, dass du dir dessen nicht bewusst bist und dich von deinen eigenen Gedanken beherrschen lässt. Im Grunde hast du nicht viel davon, deine Pause auf dem Sofa oder auf der Terrasse zu verbringen, denn diese Gedanken rauben dir wahrscheinlich mehr Energie als sie dir geben.

Wenn dir das nicht bewusst ist, wirst du auch nichts daran ändern können. Den meisten Menschen ist es nicht einmal bewusst, dass diese ständigen Gedankensprünge so gut wie immer und ohne Unterlass da sind. Das ändert nichts an der Tatsache, dass es das ist und auf subtile Art und Weise Nerven und Energie kostet. Zudem hindert es uns daran, in der Gegenwart zu leben und uns an den positiven Dingen zu erfreuen.

Eine weitere Falle ist das typische „Wenn nur erst". Das heißt, nicht nur Geschichten aus der Vergangenheit oder zukünftige Pflichten lenken dich von der Gegenwart ab, sondern auch die Annahme, das Leben könne erst genossen werden, wenn nur erst die Kinder groß sind, wenn nur erst die Diät erfolgreich durchgestanden wurde, wenn nur erst die Beförderung durch ist und so weiter und so fort. Von diesen „Wenn nur erst-Modellen" gibt es scheinbar unzählige. Achte ab jetzt selber mal darauf, wie oft diese Denkweise dein Leben dominiert. Scheinbar gibt es immer und zu jeder Zeit einen triftigen Grund, gerade jetzt nicht achtsam und zufrieden zu sein.

Wenn du dir dessen aber erst einmal bewusst geworden bist, kannst du die automatisch wiederkehrenden Denkmuster erfolgreich durchbrechen und einen frischen Wind in dein Leben lassen. Du entlarvst dann quasi die Miesepeter deines Lebens und merkst, dass du diese Miesepeter selber geschaffen hast. Meistens fängt dieser Prozess nach der Schule an. Die Pflichten nehmen zu und man sagt uns gerne, das Leben ist kein Zuckerschlecken und ein Wunschkonzert schon gar nicht. Das nehmen wir dann so ernst, dass wir uns oft gar keine Freude mehr gönnen. Man sagt uns, wir müssen uns dies und das verdienen im Leben und erst kommt die Arbeit und dann das Vergnügen. Es kommen immer mehr solche schlauen Sprüche dazu und vor lauter Verantwortung sind wir nur noch mit unserem Terminkalender und unseren Pflichten beschäftigt. Dafür dürfen wir dann am Sonntag eine Stunde auf der Terrasse sitzen. Dabei denken wir natürlich wieder an die Pflichten, die es zu erledigen gilt oder dass die Fliesen der Terrasse auch gründlicher geschrubbt hätten werden können. Selbst in unseren wertvollen Pausen hört dieses Gedanken-Geplapper nicht auf. Glücklicherweise verfügst du über einen freien Willen und kannst dich dafür entscheiden, diesen Gedanken mit Achtsamkeit und Bewusstsein entgegenzutreten.

Fehlt die Liebe zu uns selbst,
suchen wir im Außen!

Sei es dir wert –
sei der wichtigste Mensch
in deinem Leben!
Stell dich an die erste Position
und du wirst Glück verspüren.

(Karin Schartner-Schwaiger)

Warum ist es so wichtig im hier und jetzt zu leben?

Wenn du die bisherigen Kapitel aufmerksam gelesen hast, stimmst du sicher zu, dass dir viele der genannten Aspekte bekannt vorkommen. Vielleicht fragst du dich in diesem Zusammenhang aber auch, warum es eigentlich so wichtig ist, im hier und jetzt zu leben.

Es geht schlicht und ergreifend um deine Lebensqualität, darum, das Beste aus deinem Leben herauszuholen.

Und das nicht gemessen an Geldwerten und materiellen Gütern, sondern an echtem und purem Leben. Wenn wir einmal alt sind und auf unser gesamtes Leben zurückblicken, werden wir es sicher nicht bereuen, zu wenig Geld verdient zu haben. Wir werden uns wünschen, das Leben in vollen Zügen genossen zu haben, unter welchen Umständen auch immer. Auch wenn nicht immer strahlender Sonnenschein ist, so hindert es uns nicht daran, auch zwischendurch mal Spaß zu haben. Und für genau den sind wir selber verantwortlich. Statt zum Beispiel einen schönen Ausflug mit der Familie immer wieder zu verschieben, sollte genau dieses Projekt als wichtig eingestuft werden, bevor es zu spät ist. In dem Film Klick mit Adam Sandler wird dieses Phänomen des

Verschiebens auf sehr unterhaltsame Art und Weise dargestellt. Die Jahre ziehen vorbei und stets geht es um dieses lästige und doch so penetrante „Wenn nur erst".

Damit wir am Ende unseres Lebens nicht bereuen, auf die wirklich wichtigen Dinge gesetzt zu haben, ist es so wichtig, im hier und jetzt zu leben. So kannst du aus jedem Moment das volle Potential schöpfen. Sicher wird das nicht in jedem Moment gelingen, doch ist es bereits ein großer Gewinn, so viele bewusste Momente wie möglich zu erleben, denn oft sind das jene Augenblicke, welche uns am Ende unseres Lebens besonders wertvoll erscheinen. Sie geben uns das Gefühl, unser Leben nicht verschwendet zu haben, indem wir zuließen, dass es einfach so an uns vorbeirauscht. Achtsamkeit stellt dabei quasi einen Fotoapparat dar, der Momente festhält mit all seinen Gerüchen, Geräuschen, Gefühlen und dergleichen. Wenn du bewusste Momente so konservierst, kannst du diese praktisch jederzeit wieder abrufen und sich an ihnen erfreuen. Ein weiterer Vorteil, im hier und jetzt zu leben, besteht darin, einen Moment nicht nur bewusst zu leben und somit die Gegenwart, sondern auch sehr intensiv. Wenn wir zum Beispiel eine Blume anschauen, sehen wir dann nicht nur, dass wir eine rote Blume vor uns haben, sondern nehmen sämtliche Details dieser Blume wahr, die Anzahl der Blütenblätter, der Kontrast zum Himmel, die Biene auf der Blume oder den Morgentau. Oder wenn wir am Tisch sitzen mit unseren Kindern und es ist Morgen-

oder Abendroutine – versuch doch mal ganz bewusst dich darauf zu konzentrieren, was geschieht, was erzählt wird. Nimm dir bewusst 5 Minuten Zeit, um dich nur auf dein Kind zu konzentrieren, es zu betrachten, es zu riechen, die Stimme bewusst wahrzunehmen. Ich gebe dir hier einen ganz simplen aber scheinbar doch so schwierig durchzuführenden Plan.

Übung:
Nimm dir bewusst jeden Tag 30 Minuten Zeit für dich, in denen du dich nur um dich kümmerst. Du lässt dich weder von einer Nachricht am Handy ablenken (das Handy stellst du auf still und legst es nur diese 30 Minuten an einen Ort, an dem du es nicht siehst oder hörst). Wenn du Kinder hast, sagst du entweder, wenn sie schon groß genug sind, dass du nun für 30 Minuten nicht erreichbar bist oder wenn sie noch kleiner sind dann bittest du deinen Partner, dass er sich die 30 Minuten um die Kids kümmert. Es ist besonders wichtig, wenn du noch kleine Kinder hast, dass du dir täglich oder zumindest 3 x die Woche die Zeit für dich nimmst. In dieser Zeit konzentrierst du dich mit deinen ganzen Sinnen auf das, was du entschieden hast für dich zu tun! Mit deinen ganzen Sinnen, mit deinen gesamten Gedanken, nur bei dir bleiben. Du wirst sehen, dass das speziell am Anfang eher schwierig ist, vor allem jedoch ungewohnt. Je öfter du das machst, desto leichter fällt es dir auch im Alltag im hier und jetzt zu sein.

Wir können uns der Schöpfung erfreuen und wissen, dass es das Universum gut mit uns meint. Es ist nur wichtig, dass wir dies auch erkennen.

Achtsamkeit kann uns auch davor bewahren, Dinge zu sagen oder zu tun, die uns später mit Sicherheit leidtun würden. Wenn du zum Beispiel aufgebracht bist, liegt dir sicher mal der eine oder andere Satz auf der Zunge, den du gerne sagen würdest. Manchmal kommt das Gesagte beim Gegenüber aber viel zu schroff an und die Antwort fällt ebenso schroff aus. Auf einmal sind Unstimmigkeiten da, welche leicht hätten vermieden werden können - durch ein wenig Achtsamkeit. Das heißt natürlich nicht, dass keine Kritik mehr geübt werden darf, immerhin sind wir auch nur Menschen, doch kann es die eigene Lebensqualität enorm erhöhen, wenn bestimmte Gedanken erst mal geprüft werden, bevor sie ausgesprochen werden. Ohnehin geht es im Leben oft um Missverständnisse und daher lohnt es sich, einen Moment der Achtsamkeit vergehen zu lassen, tief durchzuatmen und zu überlegen, ob es jetzt wirklich Not tut, eine scharfe Äußerung rauszulassen.

Worte können wie Medizin sein, sie können aber auch sehr verletzen und manchmal wird eine Beziehung zwischen zwei Menschen für lange Zeit quasi vergiftet, nur weil nach einer leichten Auseinandersetzung die falschen Worte hervorsprudelten. Hier kann Achtsamkeit effektiv vorbeugen. Es ist nicht immer nötig, Recht zu haben. Im Gegenteil, es kann sehr anstrengend sein, das Gegenüber von seiner eigenen Meinung überzeugen zu wollen. Achtsamkeit ist daher ein Geschenk, welches du immer wieder nutzen kannst, um dein eigenes Leben zu verbessern und angenehmer zu gestalten. Auch deine Beziehungen, deine Arbeit und deine Gesundheit profitieren davon, wenn du dich nicht mehr so schnell aus der Ruhe bringen lässt. Du weißt jetzt einfach, dass Ruhe und Frieden oft wichtiger sind als sinnlose Diskussionen und steckst deine Energie lieber in positive Projekte.

Stell dir vor -
du bist schon lange gut,
so wie du bist –
und merkst es nur nicht!

(Unbekannt)

Wie sich dein Leben positiv verändern wird, wenn du selbstbewusst lebst!

Nachdem du einige Wochen diese Übungen und Schlüssel in deinen Alltag eingebaut hast, wirst du grundlegende positive Veränderungen in deinem Leben spüren. Bereits nach wenigen Tagen kannst du dabei überraschende Erkenntnisse gewinnen. Im Leben ist es doch meist so, dass es oft um Recht haben geht. Du wirst merken, je weniger du deinem Umfeld ständig die Stirn bietest und Recht bekommen willst, umso ruhiger wird auch dein Umfeld und möchte es dir auf einmal recht machen. Ein merkwürdiges Naturgesetz, möchte man meinen. Viele Menschen spüren jedoch, dass wahre Größe von innen heraus kommt. Nicht umsonst heißt es in psychologischen Fachkreisen, dass Schreien und Drängen eher Unsicherheit kennzeichnen. Wahre Größe hat es hingegen nicht nötig, die Stimme zu erheben oder auf Recht zu plädieren. Die Taten sprechen schließlich für sich. Zum Beispiel macht es wenig Sinn, wenn eine aufgebrachte Mutter jeden Tag wütend darüber ist, dass die Kinder ihre Zimmer nicht aufräumen, lautstark zetert und allerlei Strafen androht. Diese hält sie dann aber nicht ein, weil sie dem Bitten der Kinder nicht nachgeben kann. Die Wut und die laute Stimme haben viel Energie gekostet, leider aber gar nichts gebracht, im Gegenteil.

Durch Achtsamkeit lernst du, Automatismen aufzubrechen. Du würdest also einen Schritt zurücktreten und die Situation so betrachten, wie sie ein Außenstehender betrachten würde. Würde die aufgebrachte Mutter dies auch tun, würde sie merken, dass sie keine Energie verschwenden muss, sie kann in ruhigem und bestimmtem Ton erklären, dass das Zimmer aufgeräumt werden soll und etwaige Konsequenzen erwähnen. Wenn die Kinder dann nicht hören, werden die Konsequenzen durchgezogen, egal ob es ein Handyverbot gibt oder Stubenarrest. Das wird den Nachwuchs wesentlich eher beeindrucken, als eine erhobene Stimme und Betteln und Flehen seitens der Mutter. Nun wird der Nachwuchs seinerseits betteln und flehen, doch die Mutter weiß, dass sie sich für den nächsten Konflikt nur ein Eigentor schießt, wenn sie jetzt nachgeben würde. Durch ihre Taten verleiht sie ihren Worten in der Zukunft jetzt schon mehr Wirkung.

Achtsamkeit ist also immer eine extrem wichtige Sache, wenn es darum geht, den Alltag zu meistern. Dabei ist es gleichgültig, ob es um Kindererziehung oder Beziehungen geht. Die freigewordene Energie kannst du nun viel konstruktiver nutzen - vielleicht für ein neues Hobby oder einfach um zu relaxen und die Batterien für den Alltag wieder aufzuladen. Insgesamt sorgt achtsames Verhalten für ein harmonischeres Miteinander.

Es geht dabei auch um Respekt und Toleranz. Du wirst merken, wenn du achtsamer im Ton und in der Wortwahl bist, wird dies auch deinem Umfeld auffallen und du bekommst genau diese Aspekte zurück. Dein Umfeld wird ebenfalls toleranter und respektvoller. Natürlich gibt es viele Menschen, welche sehr impulsiv sind und die es sozusagen einfach nicht auf sich sitzen lassen können, wenn sie scheinbar ungerecht behandelt werden. Also platzt du mit deiner Sicht der Dinge heraus und die Atmosphäre ist vergiftet. Die anderen Menschen werden nun auch aggressiver, auch wenn du definitiv Recht hast. Missverständnisse gehören zum Leben dazu und mit Hilfe der Achtsamkeit können diese viel galanter und friedlicher geklärt werden, als wenn jedem Impuls direkt nachgegeben würde. Wenn du dich zum Beispiel ungerecht behandelt fühlst, kannst du erst mal in Ruhe durchatmen, auf die Toilette gehen und zur Ruhe kommen. Danach kannst du immer noch in Ruhe das Gespräch suchen und versuchen, die Sachlage zu klären. Sicher kann es dann immer noch sein, dass dein Gegenüber auf seinem Recht pocht. Du hast nun zwei Möglichkeiten, entweder du regst dich darüber auf und verschwendest Energie oder du nimmst es hin und weißt, du hast dein Bestes getan. Im schlimmsten Fall kannst du in Zukunft Abstand nehmen und wenn dies aus beruflichen Gründen nicht möglich sein sollte, kannst du einfach sachlich mit dieser Person sprechen und mehr nicht.

Oder, wenn es gar zu unerträglich ist, ist vielleicht ein Jobwechsel der einfachste Weg.

Du kannst entscheiden, wie stark du dich darüber aufregst und deine kostbare Energie verschwenden willst. Auch hier hilft Achtsamkeit und wird dir mit der Zeit ein treuer Freund, auf den du dich in jeder Situation verlassen kannst. Horche also mehrmals täglich in dich hinein und schone deine Energie. Energie hast du nämlich nicht unbegrenzt zur Verfügung, es ist wie mit einer Wagenladung Sprit. Diese vergeudest du doch auch nicht, indem du extra Umwege fährst, die noch nicht einmal hübsch anzusehen sind. Achtsamkeit wertet dein Leben auf und somit dein Umfeld sowie dein allgemeines Lebensgefühl. Du wirst dich stärker, zuversichtlicher und inspirierter fühlen, da du jetzt wesentlich mehr Energie und Power zur Verfügung hast. Diese steckt auch dein Umfeld an, denn du bist ein Vorbild geworden. Du weißt, dass dir Achtsamkeit immer zur Verfügung steht und du immer die Wahl hast, ob du impulsiv handelst oder erst einen Moment zurücktrittst und die Situation aus einem anderen Blickwinkel betrachtest. Dabei stehen dir unterschiedliche Methoden zur Verfügung, wie du Achtsamkeit anwenden kannst.

Als ich mich selber zu lieben begann, habe ich verstanden, dass ich immer und bei jeder Gelegenheit zur richtigen Zeit am richtigen Ort die richtige Person bin – und dass alles, was geschieht absolut richtig ist – von da an konnte ich ruhig leben. Heute weiß ich – das nennt man Selbst-Bewusst-Sein!

(Charlie Chaplin)

Methoden um Selbstliebe zu lernen und achtsamer zu leben

Zugegeben, es ist nicht immer einfach, liebevoll zu sich selbst zu sein, vor allem im Rahmen eines stressigen Alltags. Oft ertappen wir uns auch erst im Nachhinein, dass wir in einer bestimmten Situation gelassener hätten reagieren können. Achtsamkeit erlangt man sicher auch nicht von heute auf morgen, sondern sie ist erlernbar. Und das jeden Tag, jeden Monat, jedes Jahr. Das gesamte Leben! Wichtig ist, dass wir am Ball bleiben, doch dass du diesen Ratgeber liest, zeugt bereits davon, dass du ein Mensch bist, dem es wichtig ist, sich im Leben zu entwickeln, deshalb wirst du sicher gar nicht anders können, und möchtest an dir und deiner Lebensqualität arbeiten. Um mehr Achtsamkeit in dein Leben zu ziehen, stehen dir unterschiedliche Methoden zur Verfügung.

Eine besonders einfache und effektive Methode stellt die Atemübung dar. Immer, wenn du merkst, dass dein Bewusstsein in die Vergangenheit oder in die Zukunft gleiten möchte, atmest du ganz bewusst und konzentrierst dich auf deinen Atem. So erlangst du zunächst das entsprechende Bewusstsein und die nötige Konzentration, um deine Gedanken überhaupt wahrzunehmen. Dann schließlich entlarvst du deine Gedanken als ständiges Hin und Her und wendest dich lächelnd der Gegenwart zu.

Vielleicht wirst du dich nun wundern, warum du am besten lächelst. Um dies zu verstehen, kannst du deine Gedanken als kleine Kinder betrachten, die unentwegt herumtollen, egal wie oft man ihnen sagt, sie sollen mal still sein und sich sinnvoll beschäftigen. Es klappt nicht wirklich und anstatt sich darüber zu ärgern, kannst du lieber lächeln. Wenn du dich ärgerst, verschwendest du nicht nur deine kostbare Energie, du bist auch nicht gut zu dir selbst. Denn mit deinem inneren Geplapper musst du ohnehin leben, ob es dir gefällt oder nicht. Also lächle und wisse, dass du mit Hilfe der Atemtechnik und der Achtsamkeit dein inneres Gedankenkarusell entlarven und zumindest in eine Ecke schieben kannst. Oder in den Keller oder sonst wohin. Visualisiere dir einen Ort, an dem es nicht zu unfreundlich ist. Zwischen den vielen unnützen Gedanken ist natürlich auch mal ein sinnvoller Gedanke. Den kannst du je nach Bedarf näher betrachten und dich mit ihm beschäftigen. Betrachte deine Gedanken als Puppen und du bist der Puppenspieler. Gedanken haben viel Macht, werde dir dessen bewusst, dann wirst du fast von alleine achtsamer.

Die Atemtechnik eignet sich übrigens auch, wenn du Stress hast und merkst, wie dein Blut in Wallung gerät. Da du nicht unbesonnen reagieren möchtest, konzentriere dich auch hier wieder auf deinen Atem. Wenn du zum Beispiel auf der Arbeit bist und du feststellst, du brauchst ein paar Minuten, um achtsam zu werden, kannst du das deinem Chef, Kollegen oder wem auch immer nicht immer sagen. Du kannst aber zum Beispiel auf die Toilette gehen und dort achtsam werden. Wenn du dich nach wenigen Minuten beruhigt hast, gehe mit einem inneren Lächeln wieder hinaus. Das innere Lächeln kannst du dir erlauben, denn du hast gerade mentale Stärke bewiesen. Während der paar Minuten Ruhe, die du dir verschafft hast, kannst du viel effektiver entscheiden, wie du reagieren möchtest und diese Pause kann dir keiner nehmen, die Entscheidungsfreiheit liegt ganz alleine bei DIR.

Am Anfang kann es mitunter auch sehr schmerzlich sein, achtsam zu werden, denn das innere Geschwätz ist nicht immer harmlos, sondern manchmal richtig gemein, unfair und verletzend. Bitte denke aber stets daran, dass es sich ja wie mit kleinen Kindern verhält und nimm das Gedankengut nicht zu ernst, sondern versuche es bei Bedarf zu analysieren und in die richtigen Bahnen zu lenken, also zu transformieren.

Viele Menschen sind der Ansicht, dass jene Menschen, welche sich nicht so viel Gedanken über sich und das Leben allgemein machen, es besser haben. Das mag insofern zutreffen, als diese Menschen einfach nicht so viel Achtsamkeit mitbringen möchten, um schmerzende Gedanken näher zu betrachten. Wer einmal den Weg der Achtsamkeit eingeschlagen hat, kann ihn hingegen nicht mehr zurückgehen. Ist diese Tür der Erkenntnis erst einmal geöffnet, lässt sie sich nicht wieder schließen. Eine größere und buntere Welt steht nun offen, aber auch entsprechende Schattenseiten. Lasse dich aber von deinen negativen Gedanken nicht verunsichern oder gar verletzen. Wenn du anfängst Achtsamkeit zu praktizieren, wird dir der eine oder andere schmerzende Gedanke unterkommen und du wirst ihn intensiv fühlen. Versuche aber diesen Gedanken nicht zu verdrängen, sonst gibst du ihm noch mehr Macht.

Wie heißt es so schön? Lade deine eigenen Dämonen zu einem Glas Wein ein und frage, was sie von dir wollen. Vielleicht sind es auch wieder einfach nur vernachlässigte Gedanken, die endlich mal beachtet werden wollen. Tu dies und dann weg damit in die Kiste der Erinnerungen. Wenn der Gedanke dann noch mal kommt, kannst du ihn dank deiner Achtsamkeit als Wiederholungstäter entlarven und ihm sagen, dass du dich schon um ihn gekümmert hast. So verschaffst du dir nach und nach Ruhe, so dass du dich immer besser auf dein gegenwärtiges Leben konzentrieren kannst. Habe dabei Geduld mit dir. Selbst Buddhisten, welche ein ganzes Leben Achtsamkeit praktizieren, haben immer noch regelmäßig mit Herausforderungen in ihrem Gedankengut zu kämpfen. Dies liegt in der Natur des Menschen. Profitiere insgesamt von einem spürbar besseren Leben und lasse die Achtsamkeit in dein Leben einziehen.

Das Leben ist ein ausgezeichneter Lehrmeister.

Wenn man die Lektionen nicht
verstanden hat
dann werden sie so lange
wiederholt,
bis man es verstanden hat.

(Karin Schartner-Schwaiger)

Die Formel der Selbstliebe

Der Boden, um sich selbst zu lieben ist ein gutes Selbstbewusstsein. Das heißt – dass du dir selbst bewusst bist. Dass du dir selbst ganz darüber bewusst bist, wer du bist, was du kannst, wie einzigartig du bist, welche Fähigkeiten du hast, was du schon für große und kleine Herausforderungen gemeistert hast.

Hier nochmal die Erinnerung: lege deinen Fokus auf das, was bereits super funktioniert hat. Was konntest du mit Leichtigkeit machen und erleben, wofür wurdest du gelobt, was hast du gemacht, um ein bestimmtes Ergebnis zu erzielen (vielleicht sportlich oder in der Arbeit)?

Hier geht's es sehr stark darum, dass du dir wirklich bewusst machst, was du schon alles geschafft hast, mach dir bewusst, wie großartig du schon bist, was für ein toller Mann oder tolle Frau du bereits bist, was du alles zu geben und zu bieten hast.

Und aus diesem sich selbst voll und ganz bewusst werden kannst du anfangen, dich Herausforderungen zu stellen und Aufgaben zu übernehmen. Immer dann, wenn du Erfolge feierst, seien diese auch noch so klein, und du dir deiner bisherigen Erfolge in deinem Leben immer wieder bewusst wirst und du dir auch immer weiter bewusst wirst, wer du bist, was dich ausmacht, entsteht ein enormes Vertrauen in dich selber. Stell dich bewusst jeden Tag immer wieder Herausforderungen, damit du erstens deine Komfortzone verlässt und zweitens wirst du durch jeden Erfolg, den du bewusst wahrnimmst in deinem Vertrauen in dich selbst gestärkt!

Außerdem rate ich dir auch Wissen zu diesem Thema anzueignen. Zum Beispiel gibt es jede Menge guter CDs, die du während der Autofahrt hören kannst, am Abend anstatt dem Fernsehen. Dann gibt es viele geniale Podcasts zu diesem Thema und natürlich auch Workshops.

Ich habe im letzten Jahr einige Workshops bei Damian Richter, einem der genialsten Speaker im deutschsprachigen Raum, besucht. Und es ist einfach unfassbar, was sich seit dem Besuch des ersten Workshops getan hat. Mein Leben hat sich sozusagen von Grund auf verändert – im positiven Sinne. Und ich habe alle in meiner Familie mitgenommen, meine Kinder und meinen Mann. Seither erleben wir täglich unglaubliche Dinge und ich bin unfassbar dankbar für diese Erlebnisse.

Ich will dir nun nicht sagen, du musst zu diesen Workshops gehen, denn es gibt hier mehrere Anbieter, das entscheidest du alleine, wer für dich passt!

Ganz wichtig ist, dass du ein gutes Gefühl hast, wem du vertraust und in wessen Hände du dich begibst.

Ich gebe dir noch einen weiteren enorm wichtigen Tipp: Tu einfach Dinge, die dich etwas herausfordern, Dinge, die du schon lange vom Herzen her tun wolltest, denn nur wenn du tust und umsetzt kommen die Erfahrungen und diese Erfahrungen helfen dir in das Gefühl des dir selbst bewusst seins zu kommen, in das Gefühl dessen, was du kannst, wie stark du eigentlich bist. Du bekommst dann automatisch immer mehr Vertrauen in dich und deine Entscheidungen. Trainiere dich darin Entscheidungen zu treffen. Immer wieder. Im Grunde genommen musst du sowieso jeden Tag zig Entscheidungen fällen (selbst wenn du dich gegen etwas entscheidest triffst du eine Entscheidung)!

Genau dieses Selbst-Vertrauen stärkt dann im Verlaufe deiner Erfahrungen, die du machst, automatisch immer mehr dein Selbstwertgefühl!

Mach dir bewusst, wie wertvoll du im Leben anderer bist: Für deine Familie, für deine Eltern, für deine Geschwister, für deine Freunde, für deine Kinder, für deinen Mann, deine Frau, für deinen Chef, für deine Arbeitskollegin usw. Es gibt viele Menschen, denen du viel wert bist. Du musst es dir nur bewusst machen!

Durch all diese Bewusstseinsprozesse, die du trainieren musst, wirst du zu einem hohen Selbstwertgefühl kommen. Du wirst in den Spiegel sehen und dir sagen können: Ich liebe mich! Ich liebe mich genau so, wie ich bin

Damit füllst du beständig das Gefäß deiner Selbstliebe! Je mehr du dich trainierst und daran arbeitest, desto mehr füllt sich dieses Gefäß und eines Tages wird dieses Gefäß überlaufen und in das Leben anderer überschwappen und auch andere damit bereichern.

Also sei du es dir wert und arbeite konsequent an deiner Selbstliebe!!! Beständig und jeden einzelnen Tag!

Fazit

Schlüssel zur Selbstliebe: Lebe im Hier und Jetzt

Schlüssel zur Selbstliebe: Achtsamkeit und Mut –

Schlüssel zur Selbstliebe: Worauf legst du deinen Fokus – auf das Negative oder auf das Positive in deinem Leben

Schlüssel zur Selbstliebe: Mach tägliche Rituale, wie Meditation, Einträge in ein Buch oder dergleichen zur Routine

Schlüssel zur Selbstliebe: --Versuche so wenig wie nur irgend möglich zu urteilen oder zu verurteilen bzw. zu bewerten.

Schlüssel zur Selbstliebe: Übernimm zu 100% die Verantwortung für dein Leben und deine Taten.

Schlüssel zur Selbstliebe: Erkenne, dass du zu jedem Zeitpunkt deines Lebens vollkommen in Ordnung warst und bist. Dass alle Entscheidungen, die du getroffen hast, zu jedem Zeitpunkt die Besten waren.

Schlüssel zur Selbstliebe: Sei EXTREM achtsam mit deinen Gedanken – besonders mit den Gedanken dich selbst betreffend!

Schlüssel zur Selbstliebe: Ändere deine bisherigen Gedanken: „Wenn die Kinder erst erwachsen sind, wenn ich erst in Pension bin, wenn ich das Geld habe, dann wird das Leben schön und dann mache ich was mir gefällt und so weiter und sofort –

Schlüssel zur Selbstliebe: Mach dir bewusst, was du schon alles in deinem Leben erreicht hast. Mach dir bewusst, welche Erfolge du schon gefeiert hast. Wenn du keine findest – dann bist du VIEL zu streng mit dir selbst. Du hast schon ganz viel geschafft in deinem Leben. Mach dir dies jeden Tag bewusst.

Schlüssel zur Selbstliebe: Mach dir bewusst, wie wertvoll du für viele bist. Wie wertvoll es ist, dass du in deren Leben bist!

Schlüssel zur Selbstliebe: Trainiere dich darin Entscheidungen zu treffen. Immer schneller. Es geht nicht darum, dass die immer zu 100% perfekt sind. Es geht darum, dass du dein Vertrauen in dich selber aufbaust.

Schlüssel zur Selbstliebe: Sei du es dir wert und arbeite konsequent an deiner Selbstliebe

Schlüssel zur Selbstliebe: Verwöhne dich von Zeit zu Zeit selber indem du dir mal deine Lieblingsblumen kaufst oder dir eine Massage gönnst. Einfach tust, was deiner Seele gut tut.

Schlüssel zur Selbstliebe: Schränke den Fernsehkonsum ein und auch den Konsum in Social-Media-Kanälen zu surfen. Dann befindest du dich nämlich andauernd im Leben anderer und lenkst somit von dir selber ab! Werde vom Couchpotato zu einem Menschen, der selbstbestimmt Dinge tut, die er von Herzen liebt

Schlüssel zur Selbstliebe: Sei jeden einzelnen Tag dankbar für deinen Körper, dass er dich jeden Tag dorthin trägt, wohin du willst. Er versorgt dich jede einzelne Sekunde mit allen lebensnotwendigen Dingen, damit du atmen, verdauen usw. kannst. Dein Körper ist GENIAL! Hier geht es wahrlich nicht darum, ob alles so sitzt, wie du es gerne hättest sondern um die Wertschätzung.

**„Bevor du über mich
und mein Leben urteilst
zieh zuerst meine Schuhe an
und gehe meinen Weg“**

(Unbekannt)

Nun hast du eine Menge über Selbstliebe, Achtsamkeit und Bewusstsein gelesen und möchtest sicher direkt heute anfangen, diese Aspekte zu lernen und neue Welten der Erfüllung und der Freiheit kennenzulernen. Freiheit trifft es insofern, als dass du jetzt nicht mehr länger Sklave deiner Impulse oder deiner Gedanken bist. Sicher, du hast weiter mit diesen Aspekten täglich und beinahe rund um die Uhr zu tun, aber du weißt nun, mit den richtigen Techniken kannst du die Perspektive wechseln und dann entscheiden, wie du reagieren willst, worauf du den Fokus setzen möchtest. Dass du dich entscheiden kannst, verschafft dir Freiheit und ein selbstbestimmtes Leben. Sicher gelingt das nicht immer und in jeder Situation, doch ist noch kein Meister vom Himmel gefallen. Übe einfach täglich und, wenn du magst, kannst du dir auch ein Achtsamkeitstagebuch zulegen.

Damit du Lust bekommst, dort immer wieder mal hineinzuschreiben, kannst du dir ein besonders schönes Exemplar bestellen - ein Motiv auf dem Buch oder eine Farbe, welche dir besonders zusagt. Jeder Eintrag ist schließlich ein Gewinn, denn du hast die Kontrolle über deine Gedanken erhalten, wenn auch nur für einen Moment. Kein Mensch kann die vollständige Kontrolle seiner Gedanken ergreifen, denn immerhin nutzt der Mensch nur wenige Prozente seiner Gehirn-Kapazität. Die vollständige Kontrolle wäre nicht nur surreal und unmöglich, sondern auch gar nicht das Ziel. Immerhin sind wir noch Menschen.

Doch uns bleiben Werkzeuge, unser Leben zu verschönern, und eines dieser Werkzeuge stellt die Achtsamkeit dar. Selbst wenn du jeden Tag nur einige Male achtsam bist, ist das ein riesiger Gewinn für dein Leben. Schreibe einige dieser Momente auf, auch wenn sie unspektakulär erscheinen. In einigen Jahren dann, wenn du es erneut liest, wirst du merken, wie kostbar das Leben zu jeder Zeit war, ist und sein wird - und das trotz etwaiger Herausforderungen im Leben. Mitunter mag es dir vielleicht zu anstrengend vorkommen, Achtsamkeit zu üben und im Alltag anzuwenden.

Das kann dann daher kommen, dass wir werten und bewerten. Versuche einfach mal, diverse Bewertungen beiseite zu lassen, wenn du eine Situation wahrnimmst. Dann fällt es dir auch leichter, achtsam zu sein. Denn ob uns etwas gefällt oder nicht, was wir sehen, ist eine andere Sache und Bewertungen kosten zudem viel Energie. Bleib also am Ball, was Achtsamkeit betrifft, denn diese kann zu deinem besten Freund im Leben werden. Du kannst dein Leben im Hier und Jetzt völlig genießen und lasse dich nicht mehr von der Vergangenheit oder der Zukunft ablenken. Kein, „wenn nur erst“ mehr. Mache jeden einzelnen Tag zu einem besonderen Tag und erkenne das Wunder der Gegenwart. Dabei gibt es ein Zauberwort, welches dir jeden Tag verschönern kann. Dieses Wort heißt „Danke“. Probiere es unbedingt aus, dann kannst du dich selber davon überzeugen, welche Kraft und Magie in diesem kleinen Wort steckt.

Du erkennst plötzlich die vielen wunderbaren Dinge um dich herum. Achtsamkeit hat dich dorthin gebracht und dir das Bewusstsein geöffnet, dass du stets die Wahl hast im Hier und Jetzt zu leben und sich der vielen kleinen schönen Dinge bewusst zu werden. So hast du dir selber das größte Geschenk gemacht: Du hast dich dankbar für Lebensqualität entschieden.

**Wer ständig versucht,
immer alles richtig zu machen,
verpasst vielleicht die
schönsten Fehler
seines Lebens!
Außerdem ist perfekt sein zu
wollen langweilig!**

(Karin Schartner-Schwaiger)

Selbstliebe ist Selbstpflege

Wer sich selber liebt, ist gut zu sich. Natürlich kannst du dir sagen, dass du zufrieden mit dir und deinem Leben bist. Wenn du möchtest, kannst du prüfen, ob du deine Liebe zu dir auch regelmäßig zeigst. Dieser Gedanke liegt nicht fern. Denke zum Beispiel an eine gut funktionierende Beziehung. Auch wenn dein Partner sagt, dass er dich liebt, würdest du es doch auch gerne spüren und findest es toll, wenn er dich hier und da mit netten Aufmerksamkeiten verwöhnt. Das Gleiche darfst du dabei für dich selber tun. Dabei ist es gleichgültig, ob du dir frische Blumen kaufst, luxuriös Speisen gehst oder dir ein sagenhaftes Outfit gönnst. Das Leben ist kurz! Zeige dir also regelmäßig, wie sehr du dich liebst und wertschätzt. Selbstpflege stellt in diesem Zusammenhang einen wichtigen Begriff dar. Diese Selbstpflege betrifft dabei den Körper, den Geist und die Seele. Jedes dieser Elemente hat andere Bedürfnisse und diese gilt es zunächst zu erkennen. Hier kommt wieder das Thema Achtsamkeit ins Spiel. Spüre in dich hinein, was du brauchst, um wirklich glücklich zu sein.

Viele Menschen leben lange Strecken ihres Lebens auf Autopiloten. Das heißt, sie funktionieren und überleben, aber mit echter Lebensqualität hat das mitunter nicht viel zu tun. Tappe nicht in diese Falle. Es gibt ein schönes Sprichwort, das besagt: Lieber aus der Rolle fallen, als in die Falle rollen. Das bedeutet, es ist wichtig, ab und an etwas Besonderes und Ausgefallenes zu tun, um dem eigenen Leben die Würze zu verleihen. In der Jugend ist das meist normal. Keiner schert sich darum, was die Erwachsenen denken oder ob die Gesellschaft mit der eigenen Lebensweise einverstanden ist. Hier ist es für viele Menschen einfacher, glücklich und zufrieden zu sein. Mit den Jahren vermehren sich dann die Pflichten und der Alltag und der Ernst dominieren das Leben. Immer öfter und hartnäckiger schleicht sich die Frage ein, ob man das denn so macht, oder ob man es nicht besser anders machen sollte. So wie die meisten. Es ist also höchste Zeit, sich entspannt zurückzulehnen und ein wenig zu reflektieren. Wirklich viel muss man nämlich eigentlich nicht, das Meiste sind gesellschaftlich auferlegte Doktrinen. Glücklicherweise leben wir heute in einer Zeit, in der der Individualismus gefeiert wird. Menschen mit Marotten sind nicht mehr komisch, sondern interessant, weil sie anders sind. Schenke dir also selbst gute geistige Nahrung in Form von ausgewählten Filmen, Musik und Büchern. Wer immer nur das schaut, was zufällig im Fernsehen kommt, lässt seine Wahrnehmung verkümmern. Du darfst ruhig anspruchsvoll sein. Birgit Schrowange schrieb in ihrer Biografie: „Es darf ruhig ein bisschen mehr sein“. Ein wunderbares Motto, um das Leben nicht nur pflichtschuldigst abzuarbeiten, sondern auch tatsächlich zu genießen.

Was in unserer Gesellschaft auch ein extrem großes Thema ist – Social-Media-Kanäle. Sofern du es nicht aus Marketinggründen verwendest, schränke dieses Surfen im Leben anderer so gut es geht ein. Du konsumierst dann ständig das Leben der Anderen und lenkst somit massiv von deinem eigenen Leben und von dir ab!

Für die Seele eignen sich bewusste Aufenthalte in der freien Natur. Der menschliche Organismus ist eng verwoben mit den Elementen dieser Erde. Die Bäume, Pflanzen, die Erde unter uns, die Moleküle in der Luft, um uns und in allem sind mit den unseren vernetzt. Der Vorteil der Natur ist, dass hier harmonische Schwingungen vorzufinden sind. Anders ist das in einem Raum voller Menschen oder in der Stadt. Außer es handelt sich um ein Kloster oder eine Meditationsgruppe. Hier legen die Menschen Wert darauf, Harmonie in ihre Gedanken zu bringen. Die Mehrheit der Menschen tut dies eher nicht, daher kann diese Disharmonie richtiggehend ansteckend sein. Ihre Schwingungen beeinflussen auch die Umgebung. Jeder kennt das Phänomen: Nach einer Weile in der Natur fängt man an, runterzukommen und sich zu erholen. Der Stress von gerade löst sich langsam aber sicher in Luft auf und wird von der Natur absorbiert. Wer keinen Hund hat, braucht auf Spaziergänge nicht zu verzichten. Der tägliche Gang zum Bäcker kann dabei ein liebgewonnenes Ritual werden.

Das Auto darf ruhig mal stehen bleiben. Saug die frische Luft tief in deine Lungenflügel. Nicht nur dein Körper wird dies sehr zu schätzen wissen, sondern Geist und Seele ebenfalls.

Vielleicht setzt du dich auch einfach auf eine Bank und lässt den lieben Gott einen guten Mann sein. Es sind nicht immer die spektakulären Dinge, die glücklich machen, im Gegenteil. Gönne dir regelmäßig etwas Gutes und verbinde dich mit den positiven Kräften der Natur.

Der Körper stellt nicht nur eine praktische Hülle für den Menschen dar. Daher braucht er nicht nur die klassische Pflege und Nahrung, sondern richtige Zuwendung. Bäder haben sich bereits im alten Rom als sehr gesundheitsfördernd und wohltuend für Geist und Körper erwiesen. Der Begriff SPA kommt aus dieser Zeit und die Kürzel stehen für Salus Per Aqua, was übersetzt so viel heißt wie: Heilung durch Wasser. Daher ist es sinnvoll, wenn du aus einem Bad ein richtiges Ritual machst. Zu diesem Zweck eignen sich kostbare Öle wie Mandelöl, Jojobaöl oder auch ein paar Tropfen kaltgepresstes Olivenöl für die Badewanne. Du wirst spüren, wie samtig zart deine Haut sich nach dem Bad anfühlt. Du benötigst keine Creme mehr. Überhaupt tust du dir selbst viel Gutes, wenn du nach und nach auf Naturpflegemittel und Naturkosmetik umsteigst.

Übergänge sind fließend und von heute auf morgen können langjährige Gewohnheiten nicht umgestellt werden. Glücklicherweise erwartet das auch keiner von dir. Zur Selbstliebe gehört nämlich auch Geduld und Verständnis. Fange mit einigen Tropfen Öl in der Wanne an. Das Öl gibt es in jedem Supermarkt und nährt deine Haut wie keine chemisch hergestellte Körpercreme. Wichtig ist nur, dass es kaltgepresst ist, so bleiben die wertvollen Vitamine und Nährstoffe erhalten. Bei Bedarf kannst du auch noch ein ätherisches Öl kaufen. Lavendel und Orange gehören zu den günstigeren Ölen und sind enorm gut für die Nerven und Balsam für die Sinne. Vanille ist auch zu empfehlen, ist aber etwas kostspieliger, da es schwieriger ist, das Öl herzustellen. Das Gleiche gilt auch für Rosenöl. Wer sich aber einmal im Jahr etwas richtig Gutes tun möchte, gönnt sich auch mal ein gutes Öl oder wünscht sich ein Set zum Geburtstag. Nach dem Bad ein gutes Buch oder meditative Musik und der Abend ist zu einer wahren Wellness Erholung geworden. Du hast dich gern, also tu dir was Gutes und übe dich in Selbstpflege. Ganz nach dem Motto: „Es darf gerne etwas mehr sein“. Eine optimale Selbstpflege umfasst dabei sämtliche Sinne, die Welt der Düfte soll daher nicht unerwähnt bleiben. So wird wahre Selbstliebe spürbar und intensiv erlebbar.

**Aus Steinen, die einem
in den Weg gelegt werden
kann man schönes bauen.**

(Wolfgang von Goethe)

Ätherische Öle (Medizin für Körper und Seele)

„Ein Duft muss die besten Augenblicke des Lebens wieder wachrufen“

(Karl Lagerfeld)

Jeder Mensch hat in der Regel seine individuellen Lieblingsdüfte. Dabei ist es gleichgültig, ob es um Essens- oder Getränkegerüche geht, um den Weichspüler für die Wäsche oder um Pflegeprodukte und Parfüms. Wer lange einen bestimmten Duft nicht gerochen hat und diesen nach einer Weile wieder riechen kann, erinnert sich meist stark an die entsprechende Situation, an welche der Duft vor längerer Zeit gebunden war. Dabei kann einer bestimmten Person bedacht werden, an eine spezielle Situation oder ganz einfach an die Atmosphäre, welche damals herrschte. Düfte sind quasi kleine Zeitmaschinen, daher verspüren viele Menschen eine Art magisches Gefühl, wenn es um ihre Lieblingsdüfte geht. Instinktiv weiß der Mensch an sich selber sehr gut, was ihm besonders gut tut. Manchmal geraten diese Dinge nur hin und wieder in Vergessenheit und eine Art Spickzettel wäre hilfreich, wenn es darum geht, sich dieser Dinge zu erinnern, damit sie in die eigene ganz persönliche Hausapotheke mit aufgenommen werden können.

Alles was gut tut, heilt und kräftigt

Der Begriff Apotheke wird hier im weiteren Sinne genutzt, denn laut neuster wissenschaftlicher Erkenntnisse (Bruce Lipton) können wesentlich mehr Dinge als Medizin betrachtet werden als jene Mittel und Medikamente, welche der Arzt verschreibt oder die es in der Apotheke zu erwerben gibt. Medizin kann als all das betrachtet werden, was dem Körper, aber auch dem Geist gut tut. Dabei kann auch das, was in erster Linie dem Geist gut tut, gesund sein. Wie etwa ein schöner Film, ein gutes Buch, ein gutes Gespräch mit einem lieben Menschen, Lieblingsspeisen, Dankbarkeit, Hoffnung und dergleichen. All diese Dinge und noch vieles mehr tun dem Geist so gut, dass sich dieses positive Gefühl auch auf die Körperzellen überträgt und daher wie Medizin wirken kann. So ähnlich verhält es sich auch mit den Düften. Ätherische Öle zum Beispiel wirken nachweislich auf Körper und Seele. Jeder Duft erfüllt dabei eine ganz bestimmte Aufgabe.

Ätherische Öle und ihre Wirkung

Wer seinem Körper und seiner Seele etwas wirklich Gutes tun möchte, kann sich einige ätherische Öle zulegen und die jeweiligen Duftöle in eine Öllampe tröpfeln und sich verzaubern lassen. Vor dem Kauf ist aber unbedingt darauf zu achten, dass die Öle hundert Prozent naturrein sind, daher können sie am besten in der Apotheke oder im Reformhaus gekauft oder bestellt werden. Der Begriff „Naturidentisch“ ist irreführend und bedeutet synthetisch. Diese Öle werden meist in Discountern angeboten und sind extrem günstig zu erwerben. Sie riechen sicher auch ganz nett, besitzen jedoch keinerlei natürliche Substanzen mehr, mit welchen der menschliche Organismus so gut harmoniert. „Echte“ naturreine Öle sind also wichtig, wenn es darum geht, eine positive Wirkung zu erzielen. Zu diesem Zweck werden Stängel, Blüten, Blätter, Samen und Früchte gewählt, um deren Öle zu gewinnen. Dies gilt auch für Holz, Wurzeln, Kräuter und dergleichen.

Die Kräfte der Natur werden hier gezielt genutzt, daher sind sie so effektiv. Im Folgenden werden einige ätherische Öle genannt und deren Anwendungsgebiete kurz beschrieben. Wer mag, kann vielleicht erst mal mit ein oder zwei Ölen beginnen, um ein Gefühl für diese Art der Substanz zu erhalten. Besonders beliebt sind vor allem die ätherische Duftöle Vanille, Orange, Ylang Ylang, Lavendel und Zimt. Natürlich stehen noch zahlreiche weitere Öle zur Verfügung, wer sich damit intensiver beschäftigen möchte, kann die notwendigen Informationen spezieller Fachliteratur entnehmen.

Wichtig ist auch zu erwähnen, dass ernste Krankheiten stets mit dem Arzt abgeklärt werden müssen, daher ersetzt die Aromatherapie nicht die Schulmedizin, sie kann aber ergänzend angewendet werden. Nebenbei erhöht die Aromatherapie aber definitiv die Lebensqualität, welches sich wiederum heilend auf Leib und Seele auswirkt.

Einige beliebte Öle

- **Rose** (beruhigend, stimmungsaufhellend, ausgleichend, entspannend, aphrodisierend,
- **Vanille** (beruhigend, ausgleichend, gibt Selbstvertrauen und ist haut-pflegend)
- **Orange** (belebend, aufheiternd, beschwingt)
- **Ylang Ylang** (entkrampfend, ausgleichend, erotisierend)

- **Lavendel** (beruhigend, antibakteriell, entzündungshemmend, schlaffördernd und gleichzeitig Konzentration fördernd)

- **Zimt** (aufbauend, entzündungshemmend)

- **Zitrone** (stimmungsaufhellend, reinigend, erfrischend)

**Sei achtsam,
damit deine Gefühle
nicht zum Spielball
deines Geistes werden!**

(Unbekannt)

Fazit

Düfte tun Leib und Seele gut, viele ätherische Öle können nicht nur für die Öllampe, sondern auch für das Bad, Cremes oder Parfüms genutzt und nach Belieben gemischt werden. Auf diese Weise kann ein Gefühl von der Magie der Alchemie entstehen und den Alltag ein wenig verzaubern.

Wer es nun besonders gut mit sich meint, kann sich nach und nach einen schönen Bestand an Ölen und Düften ansammeln und bei Bedarf auch selber Duftmischungen für die Wanne oder Öllampe herstellen. Massageöle wirken ebenfalls sehr positiv und erfrischen Leib und Seele gleichermaßen. Die kreisenden Bewegungen auf der Haut bringen zudem den Energiekörper wieder in Fluss, so dass etwaige Blockaden aufgelöst werden. Das sorgt insgesamt für mehr Zufriedenheit und Lebensqualität. Bei Bedarf kann auch Naturkosmetik leicht selber gemacht werden. Es empfiehlt sich, zu diesem Zweck immer ein wenig Kokosöl, Kakaobutter und Bienenwachs im Haus zu haben. Wer gelernt hat, sich selber so wunderbar zu verwöhnen, lebt nicht nur unabhängig und stark, sondern strahlt dies auch nach außen aus.

Denn gleichgültig, welche Herausforderungen das Leben auch für uns bereithält, so haben wir nicht nur das Recht auf Genuss und Selbstliebe, es ist sogar unsere Pflicht und vom Universum genauso gewünscht. Man bedenke, wie viele wunderschöne und nützliche Pflanzen, Blumen und Wirkstoffe es gibt. Der Mensch hat nicht umsonst seinen Gaumen, er soll nicht nur Nahrung aufnehmen, sondern auch genießen! Eine Welt der Fülle will entdeckt und für sich individuell erobert werden. Immerhin benötigen wir einen Ausgleich zu all den Herausforderungen und Pflichten, welche täglich darauf warten, abgearbeitet zu werden. So bleibt das Leben im Gleichgewicht. Jeden Tag das Schöne um sich herum zu erkennen, stellt dabei eine ganz eigene Herausforderung dar, doch mit etwas Willen und Übung stellt sich bald die Dankbarkeit für die schönen Dinge ganz von alleine ein. Machen wir uns ein wichtiges Naturgesetz zu Eigen, welches besagt, dass Dankbarkeit und Wertschätzung noch mehr Schönes und Positives im Leben anziehen. Wer mag, kann zwecks Übung ein Mantra über seinen Schreibtisch hängen oder einen Kalender mit positiven Zitaten in der Küche aufhängen und jeden Tag zu seiner morgendlichen Tasse Kaffee ein wenig darüber nachsinnen und verinnerlichen.

Selbstliebe in Beziehungen

In Beziehungen ist es nicht immer ganz einfach, die eigene Selbstliebe und Selbstpflege zu leben, denn immer, wenn das Leben zweier Menschen eng miteinander verwoben ist, gilt es, Kompromisse einzugehen. Dabei ist es gleichgültig, ob es sich um das Fernsehen Programm, das Abendessen oder das Urlaubsziel handelt. Und das sind nur drei kleine Beispiele. Die Kette der Kompromisse scheint nicht abzureißen und in der Regel sind es die Frauen, welche die meisten Kompromisse eingehen. Natürlich aus Liebe und das fällt ihnen auch nicht sehr schwer. Zumindest meistens nicht. Sicher gibt es auch Männer, welche mehr Kompromisse eingehen. Die Frage ist, wann Kompromissbereitschaft aufhört und Selbstverrat anfängt. Diese Frage kann jeder Mensch nur für sich selbst beantworten.

Wichtig ist es in jedem Fall, auch Grenzen zu setzen und Nein sagen zu können. Denn bei aller Liebe zu seinem Kind oder zu seinem Partner bleiben die eigenen Bedürfnisse bestehen. Nicht wenige Menschen haben aber Angst, egoistisch zu sein oder gar verlassen oder nicht mehr geliebt zu werden, wenn die eigenen Bedürfnisse gelebt werden oder sogar auch mal dominieren. Auch entscheidet wieder jeder Mensch für sich, wie viel er bereit ist, in eine Beziehung zu investieren oder sozusagen in Vorkasse zu gehen. Dabei sollte aber immer klar sein, dass diese Mühe nicht zwangsweise respektiert und anerkannt, geschweige denn zurückgegeben wird. Nur wer sich das bewusst macht und dann immer noch gerne gibt, ist vor Enttäuschungen geschützt. Und wer sich selber liebt, sollte sich unbedingt schützen, denn sonst macht es in der Regel keiner. In der Schule oder im Elternhaus wird meist nicht gelehrt, wie man sich selber schützt und gut auf sich achtet, daher ist es meist unumgänglich, dass wir mindestens eine Erfahrung erleben, welche so sehr schmerzt, dass wir sie nicht wieder erleben möchten und uns vornehmen, in Zukunft besser auf uns aufzupassen. Das ist aber leichter gesagt als getan.

Wichtig ist es jedoch zu wissen, dass es bestimmte Naturgesetze gibt, um die kein Mensch herum kommt. Eines davon lautet: Alles hat seinen Preis, und zwar wirklich alles. Ob wir uns dessen bewusst sind oder nicht. Meist fällt der Preis auch größer aus, als anfangs geplant. Ein perfektes Leben gibt es nicht und eine perfekte Beziehung auch nicht. Viele Menschen stellen sich die Frage, ob es den einen perfekten Partner für sie gibt. Um die Frage korrekt beantworten zu können, kommt es sicher auch wieder darauf an, wie kompromissfähig man selber ist. Sicher hat jeder Mensch seine Fehler und kann vielleicht sogar auch mal richtig gemein werden. Da muss dann jeder Partner für sich selber entscheiden, ob es das Ganze wert ist oder nicht. Oft ist es das, auch wenn Außenstehende meinen, das sei es nicht. Keiner kann das Leben eines anderen leben, daher zählt immer das eigene Bauchgefühl. Schwierige Phasen sind ebenfalls normal und gehören zu jeder Partnerschaft dazu. Dennoch kann sich die Ausdauer lohnen, denn an so gut wie jeder Beziehung muss gearbeitet werden. Der nächste Partner hätte dann wieder andere „Fehler“, die nach der ersten Verliebtheit ohnehin ans Tageslicht gelangen würden.

Natürlich gibt es Gründe, die untragbar sind für eine Beziehung und das sogar dann, wenn beide Partner sich eigentlich lieben und sich nahe sein wollen. Manchmal scheint es das Schicksal nicht zu wollen. Aber unabhängig ob jemand in einer Beziehung steckt, in welcher Form auch immer, ist es wichtig, sich selber zu lieben und Selbstliebe und Selbstpflege ernst zu nehmen. Dazu gehört sicher eine gewisse Portion gesundes Selbstbewusstsein. Wer das nicht sein kann, selbstbewusst, sollte unbedingt versuchen, die Gründe dafür heraus zu finden. Vielleicht hilft es, mal harmlos mit anderen Menschen zu flirten, das steigert das Selbstwertgefühl ungemein. Auch hier greift wieder der Spruch: Lieber aus der Rolle fallen als in die Falle rollen. Oder es kann auch mal an der Zeit sein, sich ein wenig rar zu machen und öfter mit Freunden und Bekannten auszugehen. Wer mag, kann auch mal einen Urlaub alleine verbringen, Abstand vom Alltag gewinnen und sich überlegen, ob es einige Dinge im Leben gibt, welche nicht mehr zu einem passen. Ein Netzwerk an Freunden und Bekannten ist sicher nicht zu verachten, doch die wichtigste Beziehung überhaupt ist jene zu sich selber. Nur wer auch mal Zeit mit sich selber verbringen kann, hat keine Angst vor dem Alleine sein und ist deshalb stark und unabhängig. Das bedeutet nicht, keine verletzliche Seite haben zu dürfen, denn gerade das macht einen kompletten echten Menschen aus - seine verschiedenen Seiten, sein komplexes Wesen. Mitunter scheint das sogar in Widersprüchlichkeit auszuarten, doch auch dieses Phänomen ist normaler, als viele Menschen annehmen.

Schließlich ist vieles im Leben quasi bipolar. Sei es Tag und Nacht, Mann und Frau, Schwarz und Weiß und dergleichen. Keines ist besser oder schlechter, Gegensätze in einem vereint sind nötig, um Kontraste zu bilden und das Leben erst interessant zu gestalten. Es ist wichtig, das große Ganze nicht aus den Augen zu verlieren und zu wissen, dass wir alle ein Teil davon sind, in guten wie in schlechten Zeiten, wie es so schön heißt. Uns selber zu verwöhnen und uns Gutes tun, sollte uns ein Grundbedürfnis sein, welches zu erfüllen quasi eine Pflicht darstellt. Sinnvoll ist auch, nicht zu viel von uns selber zu erwarten. Nicht selten meinen Frauen oder Männer, sie müssten perfekt für den anderen Partner sein, damit sie überhaupt liebenswert sind. Diese Annahme ist definitiv falsch, denn wie die Realität und vielerlei Erfahrungen zeigen, sind es gerade jene Menschen, welche offensichtlich nicht perfekt sind, aber ihre Selbstliebe leben und daher auch von ihrem Partner respektiert werden. Denn wer sich selber wirklich lieben und wertschätzen kann, strahlt das nach Außen aus und wird entsprechend von seinem Umfeld auch so behandelt. Dabei ist es gleichgültig, ob Modelmaße vorherrschen, die Karriereleiter emporgestiegen wird, ein riesiger Freundeskreis besteht oder eben nicht. Selbstliebe ist so stark, dass sie magnetisch auf andere Menschen wirkt und diese gar nicht anders können, als diese Liebe auch zu spüren und zu reflektieren.

Die Fähigkeit sich selbst als liebenswert zu empfinden, öffnet der Liebe die Tür!

(Deepak Chopra)

Selbstverwirklichung mit Selbstbewusstsein

Das Thema Selbstliebe umfasst zahlreiche Aspekte und Unterkategorien. Die wichtigsten Aspekte stellen hier auf jeden Fall die Selbstpflege dar, die Selbstliebe in Beziehungen und definitiv auch die Selbstverwirklichung. Die Selbstverwirklichung beschränkt sich dabei nicht zwangsweise auf den Beruf, denn es gibt eine Vielzahl von Menschen, deren Job nicht ihr Traumjob ist, die sich aber hauptsächlich durch ihre Familie oder durch ihr Hobby oder ihren Lifestyle definieren. Der Aspekt Selbstbewusstsein zieht sich dabei durch sämtliche Kategorien, denn gleichgültig, ob es um die Selbstpflege, um Beziehungen oder die Berufung geht, ein gesundes Maß Selbstbewusstsein ist Grundvoraussetzung für ein gutes Lebensgefühl. Nicht wenige Menschen stellen sich in diesem Zusammenhang die Frage, wie genau Selbstbewusstsein zu erlernen ist. Diese Frage ist bereits der erste Schritt in die richtige Richtung, denn in der Tat ist Selbstbewusstsein nicht unbedingt angeboren, sondern auch anerzogen.

Doch ist es nie zu spät, um sich selber neu zu erfinden und ein gesundes Selbstbewusstsein aufzubauen. Wer mag, kann ein Tagebuch erstellen mit verschiedenen Unterkategorien. Zwecks

Selbstbewusstsein können einmal ganz schamlos sämtliche Aspekte aufgelistet werden, welche besonders positiv an der eigenen Person hervorstechen. Ecken und Kanten machen eine Persönlichkeit erst aus. Wer also meint, er fahre schnell aus der Haut, kann diesen vermeintlichen Aspekt gerne in „temperamentvoll" umwandeln. Auf diese Weise darf gerne weiter verfahren werden. Schüchternheit zum Beispiel gilt in vielen Teilen Asiens als besonders feminin, und kann daher auch als positiv erachtet werden. Alles liegt im Auge des Betrachters. Seien wir also wohlwollend mit uns und kreieren uns so, wie wir es gerne hätten. Wenn Schauspieler und Stars das können, und neuerdings auch Influencer, dann kannst du das auch! Jeder Mensch verfügt über spezifische Besonderheiten, was macht dich wertvoll? Der Sinn für die Familie? Unabhängigkeit? Power? Sensibilität? Nachdem du einige Eigenschaften aufgeschrieben hast, darfst du gerne ein tolles Foto von dir erstellen.

Mache ruhig unzählige Fotos, solange, bis dir eines richtig gut gefällt. So machen es doch alle. Nachdem das Selbstbewusstsein wieder aufgerichtet oder neu poliert wurde, kann es an das Thema Selbstverwirklichung gehen. Auch zu diesem Zweck kann ein Tagebuch wieder gute Zwecke leisten. Das Gleiche gilt für ein Vision Board. Dieses kann als Pinnwand über dem Schreibtisch oder als Collage angefertigt werden. Wer mag, kann Bilder, welche ihn besonders ansprechen, aus Zeitungen schneiden oder aus dem Netz drucken und auf das Vision Board kleben, idealerweise mit einem positiven Mantra darunter. Dabei ist es gleichgültig, ob es um die nächste Reise geht, um die Renovierung eines Zimmers, um eine Diät oder einen neuen Job bzw. ein neues Hobby. Bilder prägen sich dem Unterbewusstsein ein und auf diese Weise können Vorhaben, welcher Art auch immer, besser in die Tat umgesetzt werden. Wichtig ist dabei jeder Schritt, und sei er noch so klein.

Um hier einen guten Überblick zu haben, empfiehlt sich ein Wochenkalender. Hier können dann nicht nur berufliche Termine und Arzttermine eingetragen werden, sondern jene kleine Teilschritte, welche nötig sind, um ein bestimmtes Ziel zu erreichen. Selbstverwirklichung ist sehr wichtig, denn diese sorgt dafür, dass es im Leben um mehr geht als nur zu überleben und zu funktionieren. Dabei kann es sehr gut sein, dass sich die Träume und Wünsche im Laufe der Jahre komplett ändern. Beispielsweise gab es Jugendträume von einer großen Weltreise. Dann kam die Familienphase und der Lebenstraum wurde erst mal auf Eis gelegt. Wenn dann die Kinder groß oder aus dem Haus sind, stellst du vielleicht fest, dass du gar nicht mehr das Bedürfnis hast, um die Welt zu reisen. Im Gegenteil, alleine der Gedanke ermüdet dich. Vielleicht ist es dir jetzt wichtiger, sich erst mal nur um sich zu kümmern, lange Bäder zu nehmen, auf keinen mehr Rücksicht nehmen zu müssen. Oder möglicherweise wächst mit der Zeit ein neuer Traum, denkbar wäre auch eine abgespeckte Version einer alten Vision. Bleiben wird bei dem Beispiel der Weltreise es muss nicht gleich die ganze Welt sein, welche bereist wird, sondern erst mal das eigene Land, speziell die Hafenstädte oder eine Burgen Erkundung.

Es gibt so unendlich viele Möglichkeiten alleine bei diesem Beispiel, dass du dir ausmalen kannst, wie viele Möglichkeiten dir erst insgesamt zur Verfügung stehen, um dich selber zu entfalten. Wichtig ist, neue Bedürfnisse erst mal zu erkennen und sich überhaupt auf diese einzulassen. Du musst nicht an Träumen und Visionen festhalten, die du vor 20 Jahren hattest oder auch vor einem Jahr. Wenn du Lust auf etwas Anderes bekommst, ist das so. Der Mensch ist kein starres Gebilde, sondern stetig in der Entwicklung. Das ist auch gut so, sonst würde das Leben ziemlich langweilig aussehen. Stattdessen kannst du deine Freiheit genießen, dass zu tun, was du willst. Das kam bisher in der Menschheitsgeschichte noch nicht vor. Von der Fülle der Möglichkeiten solltest du dich nicht erschlagen lassen, sondern davon profitieren dürfen. Experimentiere ruhig, bis du etwas gefunden hast, was dich auch längere Zeit interessieren könnte. Mit Hilfe des Internets können heute nahezu alle Informationen eingeholt werden, welche wichtig sind, um ein Projekt auf die Beine zu stellen. Sei es die Eröffnung eines Onlineshops, das Anbieten selbst erstellter Webinare oder das Erkunden bestimmter

Gebiete. Der Fantasie sind keine Grenzen gesetzt, außer den Grenzen, welche wir uns selber setzen.

Sei, was du sein willst,
nicht was andere
von dir erwarten!

(Unbekannt)

Fazit

Selbstliebe stellt an sich erst mal einen theoretischen Vorgang dar. Das Ziel, welches hinter Selbstliebe und Selbstbewusstsein steckt, ist echte Lebensqualität. Das soll nun nicht bedeuten, dass fortan keine Schwierigkeiten und Herausforderungen mehr im Leben zu erwarten sind, nur werden diese dann ganz anders gehandhabt. Damit Selbstliebe nicht nur Theorie bleibt, gilt es diesen Leitgedanken auch zu leben. Selbstpflege gewinnt in diesem Zusammenhang an Bedeutung und beschränkt sich dabei nicht nur auf die herkömmliche Pflege des Körpers. Auch Geist und Seele wollen regelmäßig gepflegt und verwöhnt werden. Zu diesem Zwecke eignen sich SPA Anwendungen mit verschiedenen Pflanzenölen hervorragend und können auch in der heimischen Badewanne oder Dusche vorgenommen werden. Wie bereits erwähnt, steht SPA für Heilung durch Wasser und einfache Anwendungen wurden bereits in der Antike durchgeführt.

Da wir Menschen selber die gleichen Elemente wie die Natur aufweisen, nähren uns Blumen, Seen, Bäume und die frische Luft. Regelmäßig sollten daher bewusst entsprechende Spaziergänge unternommen werden. Wer anfängt, sich selber bewusst zu lieben und achten, kommt um das Thema Achtsamkeit nicht herum. Wie das Wort schon beinhaltet, ist es wichtig, dass wir auf uns achten. Dazu gehört auch das Umfeld, welches uns umgibt, die Nahrung, mit der wir unseren Körper mit Energie aufladen, die Filme, die wir schauen, und so weiter und so fort. Das Ganze Umfeld stellt im weitesten Sinn eine Erweiterung der eigenen Person dar. Hundertwasser, der berühmte Maler stellte dies bei seinen Werken anschaulich dar, wie sehr der Mensch mit seiner Umgebung verknüpft ist. Wer dadurch krank oder ständig unzufrieden ist, sollte sein Umfeld daher genauer prüfen und bei Bedarf auf jeden Fall Änderungen vornehmen.

Experimente haben einmal ergeben, dass zwei gleiche Pflanzen in unterschiedliche Erde gepflanzt wurden. Jene in der fruchtlosen Erde hatte kaum eine Chance, zu wachsen und zu gedeihen. Die andere Pflanze in einem größeren Topf und mit gedüngter Erde wuchs um ein Vielfaches größer und üppiger. Da auch wir Menschen letztendlich Organismen sind, ist es für uns ebenfalls von Bedeutung, wo wir leben, wie wir leben und welche Kontakte wir pflegen. Sogar was wir lesen, beeinträchtigt unsere Synapsen im Gehirn und entscheidet über Wohlbefinden und Gesundheit. Letztendlich stellt alles einen riesengroßen Kreislauf dar, in den der Mensch fest mit eingebunden ist. Im Rahmen der Achtsamkeitsübungen ist es sinnvoll, sich auf das Hier und Jetzt zu konzentrieren und sich auf seine Liebe zu sich selbst zu besinnen. Gerne kommen dann schon mal Gedanken wie: Ja, wenn ich abgenommen habe, mag ich mich. Oder: Wenn ich einen Partner habe, kann er mir zeigen, wie liebenswert ich bin. Diese und ähnliche Gedanken sabotieren das eigene Glück, denn es wird immer etwas sein, dass es angeblich noch abzuwarten gilt. Also ist es klug, nicht auf die eigenen Gedanken reinzufallen, sondern sie lächelnd weiter ziehen zu lassen.

Schließlich haben schon die alten Buddhisten erkannt, dass Gedanken oft auch nur spielende Kinder sind, welche es nicht böse meinen, aber auch nicht immer ernst zu nehmen sind. Hier und jetzt kann der Mensch anfangen, sich in Selbstliebe und Selbstbewusstsein zu üben. Genau zu den gegebenen Bedingungen. Sicher können Änderungen im Leben vorgenommen werden, wenn bestimmte Aspekte wie Übergewicht, Single Sein oder Arbeitslosigkeit für Unzufriedenheit sorgen. Doch das muss uns nicht davon abhalten, uns selber einfach richtig gern zu haben. Seinen Kindern oder Haustieren sagt man ja auch nicht: Wenn du abgenommen hast, dann liebe ich dich. Das mag sich grotesk anhören, spiegelt aber die Wahrheit wieder, was Menschen tief innen oft von sich selber halten.

Wer angefangen hat, regelmäßig achtsam zu sein und sich selber Gutes zu tun, wird nach einiger Zeit merken, wie auch das Umfeld darauf reagiert. Verantwortlich dafür ist das sogenannte Resonanzgesetz, das besagt, Gleiches zieht Gleiches an. Wer sich selber Gutes tut, zieht Menschen in sein Leben, die ihm gut tun und schließt Gegenteiliges eher aus. Methoden, um Achtsam zu sein, gibt es zahlreiche. Das gilt alleine schon für den Bereich der Meditationen. Je nach Affinität stehen die freien oder die geführten Meditationen zur Verfügung. Die freien Übungen besitzen dabei den Vorteil, dass sie überall, sogar an der Kasse vom Supermarkt ausgeführt werden können. Es kann allerdings hilfreich sein, mit den geführten Meditationen anzufangen, denn die sich wiederholenden Glaubenssätze verinnerlichen sich dabei automatisch und werden vom Unterbewusstsein wieder aufgegriffen. Yoga ist übrigens ebenfalls eine effektive Methode der Achtsamkeit.

Wem Yoga zu anstrengend ist, kann es auch mit Qui Gong oder Tai-Chi versuchen. Auch hier geht es darum, ein besseres Gefühl für seinen Körper und seine Seele zu bekommen.

Insgesamt geht es bei der gelebten Selbstliebe auch darum, kein Optimum von sich selber und dem Leben zu verlangen, denn solche unrealistischen Ansprüche machen letztendlich nur unglücklich. Mut zur Lücke heißt also ab jetzt die Devise. Das heißt, kein Mensch ist perfekt und zu diesem Zweck ist der Mensch auch nicht auf der Welt. Natürlich ist es toll, sich weiterzuentwickeln, doch stellt der Weg hier bereits das Ziel dar. Insgesamt will das Leben genossen werden, auch wenn es Phasen gibt, die alles andere als leicht zu bewältigen sind. Die Selbstliebe und das Selbstbewusstsein dürfen aber nicht darunter leiden.

In Beziehungen besitzt die Verbindung zu sich selber noch einmal einen ganz besonderen Stellenwert, denn gerade hier kann es im Alltag zu Interessenskonflikten kommen. Da ist es nicht einfach, sich auf der einen Seite anzupassen und auf der anderen Seite sich selber zu hundert Prozent treu zu sein.

Wie so oft im Leben, ist auch hier die goldene Mitte zu empfehlen. Es ist wichtig, seinem Partner bei seinen Wünschen und Vorstellungen entgegenzukommen, doch am Ende eines Tages muss sich jeder noch im Spiegel betrachten können. Wie viel jemand in eine Beziehung steckt, obliegt dabei natürlich seiner eigenen individuellen Persönlichkeit. Wer hier jedoch mit dem Hintergedanken gibt, er würde das Gleiche zurück bekommen, wird meist enttäuscht. Daher ist es so wichtig, sich selber eben auch eine ganze Menge zu geben.

Zum Schluss geht es noch um die Selbstverwirklichung. Diese kann sich auf den Beruf beziehen, aber durchaus auch auf die Familie, ein Hobby oder insgesamt die eigene Lebenseinstellung. Auch in diesem Zusammenhang gilt es, selbstbewusst zu sein und sich nicht unter Wert zu verkaufen. Wer dies nämlich schon mal gemacht hat, weiß, dass es dafür erstens keinen Orden gibt und glücklich macht es erst recht nicht.

Aber genau das ist das Ziel im Leben: Sich selber zu verwirklichen, zu lieben, sich selber treu zu sein, sich zu entwickeln und natürlich auch verändern zu dürfen. Mantras bieten hier eine effektive Hilfestellung für jeden Tag, genauso wie ein selbst erstelltes Vision Board.

Träume und Ziele zu haben, bringt Farbe ins Leben. Dabei kann aber auch erwähnt werden, dass es durchaus Zeiten im Leben gibt, welche man ganz und gar zum Auftanken benötigt und in denen man einfach nur einmal sein möchte. Das ist der Vorteil eines selbstbestimmten Lebens mit Selbstliebe: Wir haben die freie Wahl, so zu leben und zu denken, wie es uns gefällt.

Übungen für mehr Selbstliebe und Selbstbewusstsein

Diese Übungen verfolgen verschiedene Ziele. Ich empfehle dir, jeder dieser Übungen für eine Woche durchzuziehen. Das heißt 1 ganze Woche Übung 1, die Zweite Woche Übung Nr. 2 und dann wieder von vorne beginnen.

Manche Übungen eignen sich auch dafür, dass du sie regelmäßig, mindestens 1x pro Woche in deinen Alltag integrierst.

Dann ist der Effekt viel besser und du kannst beobachten und spüren, wie es sich in dir verändert das verspreche ich dir!

Die Stärken hinter den Schwächen sehen

Niemand von uns ist perfekt. Perfekt gibt es nicht – ist außerdem extrem langweilig. Daher konzentriere dich auf deine Einzigartigkeit.

Schreib eine Liste deiner vermeintlichen Schwächen und ich wette mit dir, dass sich dahinter ungeahnte, dir nicht bewusst Stärken hervortun.

Beispiel:

- Ich bin so empfindlich – Ich habe viel Feingefühl.
- Ich bin so langsam – Ich arbeite gründlich und konzentriert
- Ich bin so aufbrausend – Ich bin ein Mensch, der sich traut seine Emotionen zu zeigen.

Erstelle eine Liste, in der linken Spalte schreibst du deine für dich noch Schwächen und in der rechten die Stärken

Ziel dieser Übung ist, dass du erkennst, dass du genau richtig bist, so wie du bist.

Deinen Körper wahrnehmen

Stelle dich nackt vor den Spiegel und betrachte deinen wunderschönen Körper. Auch wenn irgendwo Dellen zu sehen sind oder ein paar Pfund zu viel am Bauch oder den Hüften. Nimm deinen Körper wahr und bedanke dich dafür, dass er dir täglich so gute Dienst erweist. Jeden Morgen, nachdem du deine Augen aufgeschlagen hast, bedankst du dich bei deinem Körper, dass er dich trägt, wohin du auch willst, dass er dich mit Atem versorgst (denk mal drüber nach, wie selbstverständlich der Atem ist – das solltest du jedoch keinesfalls als selbstverständlich ansehen), dass dein Herz 100.000 mal am Tag frisches Blut durch deine Adern pumpt und so weiter und sofort.

- Nach dem Aufwachen – bedanke dich ganz intensiv bei deinem Körper
- Stell dich vor den Spiegel, und betrachte deinen Körper
- Sag dir „Ich liebe Dich von ganzem Herzen“ ins Gesicht
- Vor dem Schlafen – bedanke dich nochmal ganz herzlich bei deinem Körper, für all die Dinge, die so selbstverständlich sind

Ziel ist es, deinen Körper zu akzeptieren genau so wie er ist. Es ist gut so, wie er ist!

Rendezvous mit sich selbst

Nimm dir am Abend nur Zeit für dich. Bereite das Essen so vor, als hättest du eine Einladung mit deinem Liebsten/deiner Liebsten. Dekoriere und bereite alles so zu, als würdest du für deine/n Liebsten/Liebste kochen. Stelle Blumen auf den Tisch, nimm das schönste Geschirr und die schönsten Servietten.

Nimm später ein Bad und nimm dir ein gutes Buch zur Hand, gepaart mit schöner ruhiger Musik. Vielleicht auch ein Gläschen Wein oder Sekt. Tu, als sei ein extrem besonderer Tag.

Ziel ist es, sich selbst an erste Stelle zu setzen, denn wenn es dir gut geht, geht es auch deinem Umfeld gut.

Termin für Dinge für sich selbst

Jeder von uns hat Dinge, die er schon ewig aufschiebt. Trage dir strickt einmal in der Woche 2 Stunden für die Dinge ein, die du schon ewig und ewig aufgeschoben hast. Das kann sein, dass du schon immer mal deinen Kleiderschrank entrümpeln wolltest, das kann sein, dass du an deinem Projekt nicht weiterkommst, weil immer andere Dinge „wichtiger" sind. Das kann sein, dass du schon lange wieder mal Klavier spielen wolltest. Es kann einfach alles Mögliche sein.

Wichtig dabei ist, dass du es wirklich strikt in deinem Kalender einträgst und dich auch konsequent daran hälst.

Zieh es durch – tu es einfach – und du wirst in deiner Selbstverwirklichung weiterkommen!

Ziel ist es, dass die Sachen, die schon ewig aufgeschoben werden, endlich voran zu treiben. Ins Tun zu kommen. Das Ergebnis ist ganz klar, dass du dabei das Gefühl bekommst, wirklich auch selber an erster Stelle zu stehen und dass auch du wichtig bist!

Wenn dann Übung

Kennst du Situationen, in denen du dich überfahren fühlst oder du eigentlich nein sagen wolltest? Ich kenne solche Situationen nur zu gut.

Hier schreibst du auf ein Blatt Papier, was du machen wirst, wenn dich zb deine Kollegin das nächste Mal zu überrumpeln versucht oder die Nachbarin wieder mal über deine Grenzen gehen will.

Das kann so aussehen:

- Wenn mich meine Kollegin das nächste Mal zu überrumpeln versucht, stelle ich mich aufrecht hin, Brust raus und blicke ihr fest in die Augen um sie dann zu ignorieren.
- Wenn die Nachbarin das nächste Mal wieder herausfordert, dann atme ich 3x ganz tief durch zähle von 10 rückwärts und gehe auf sie zu, um ihr zu sagen, was mich stört.

Und so weiter und so fort – es macht auch durchaus Sinn, das wirklich täglich zu üben, dann bekommst du Sicherheit, wenn dann diese Situation eintritt.

Ziel ist es für ungute Situationen gewappnet zu sein, einen Plan an der Seite zu haben, sich nicht immer überrumpelt zu fühlen und auch durchaus mal Nein sagen zu können.

Trau dich

Rede diese Woche konsequent täglich mit mindestens 5 fremden Menschen. Du hast im Alltag mehr als nur genug Möglichkeiten dafür.

Frag sie zB um die Uhrzeit oder rede mit ihnen über das Wetter oder frag an der Warteschlange im Kaufhaus, ob sie dich vorlassen.

Egal was, einfach ansprechen und du wirst erkennen, dass es gar nicht so schwierig ist.

Ziel ist es Mut zu bekommen, auch mal Fremde einfach anzusprechen. Du wirst ganz bestimmt sehr nette Menschen treffen und du hast somit neben dem Gefühl des Mutes auch noch viele neue und meistens nette Kontakte mit anderen Menschen.

Energiegeladener Start in den Tag

Nimm dir diese Woche vor, jeden Tag eine halbe Stunde früher schlafen zu gehen und eine halbe Stunde früher aufzustehen.

Mach gleich nach dem Aufstehen einige Yogaübungen, die du gut machen kannst, die dich aber schon etwas herausfordern – für 15 Minuten.

Danach gehe duschen und lass dich auch für ein weilchen kalt abduschen.

Dann ziehst du dich wirklich schick an, legst besonderen Schmuck an und machst deine Frisur mal anders als sonst und legst dein Lieblings-Parfüm auf.

Danach erst isst du was und/oder trinkst deinen Kaffee.

Ziel ist es ein extrem cooles Körpergefühl in dir hervorzurufen, das du mit Sicherheit haben wirst. Stell dir vor, du startest jeden Tag so mit dem Gefühl nur für dich etwas getan zu haben und das schon am Morgen! Ich finde das genial!

Perspektivenwechsel

Du musst in die Arbeit. Immer derselbe Weg dorthin, immer dieselbe Strecke, immer die gleichen Leute, immer derselbe Ablauf.

Versuche einfach oft den Weg zu deiner Arbeit zu ändern, fahre mal eine ganz andere Strecke, auch wenn es vielleicht ein bisschen länger dauert, bis du ankommst und sieh dabei ganz bewusst, was du anderes siehst, hörst oder riechst.

Versuche bewusst einfach mal nicht zur selben Zeit dasselbe zu tun, tu einfach mal was anderes, vielleicht sogar etwas, was du noch nie getan hast. Tu etwas, was du immer schon gleich gemacht hast, mal ganz anders. ZB putze dir die Zähne am Morgen nicht mit rechts sondern mit links oder steh auf einem Bein beim Kochen oder so irgendetwas.

Ziel ist es, deine Perspektive zu ändern. Du nimmst andere Dinge wahr und wirst offener für die alltäglichen Dinge. Es werden dir ganz bestimmt manche Sachen bewusst, die auch anders funktionieren und du verspürst die Sicherheit in dir, dass es auch anders funktioniert.

Körperhaltung

Diese Woche kontrollierst du ganz bewusst, mindestens jede Stunde einmal, deine Körperhaltung.

Du kontrollierst diese egal, ob du stehst, liegst oder sitzt. Eine aufrechte Körperhaltung ist extrem wichtig, um in dir die Sicherheit zu haben, dass du groß, stark und stabil bist.

Wenn du wirklich bewusst darauf achtest wird sich dein Körper automatisch komisch anfühlen, wenn du wieder in dein altes Muster verfällst.

Dann läuten die Alarmglocken und die gilt es zu hören!

Probiere es aus: setzt dich eher gebückt hin und lache mal und nun setzt du dich ganz aufrecht hin und lachst. Was fühlt sich für dich besser an?

Ziel ist es, eine möglichst aufrechte Körperhaltung wirklich in deinen Alltag zu integrieren.

Lachen

Ein Lächeln und das Lachen haben positive Auswirkungen auf unseren ganzen Körper, Geist und die Seele.

Auch das Selbstbewusstsein steigt natürlich in diesem Zusammenhang.

Nimm für diese Übung einen Bleistift zwischen die Zähne und halte diesen für dreißig Sekunden fest, ohne dass er hierbei die Lippen oder die Zunge berührt. Hierdurch entsteht ein sehr breites Grinsen, das auf wichtige Punkte im Gesicht drückt und mit beinahe sofortiger Wirkung Energie und Selbstbewusstsein weckt.

Ziel dieser Übung ist ein gutes Gefühl auf Knopfdruck im gesamten Körper zu erreichen!

Erlebe deine Erfolge noch einmal

Setze dich hin und erstelle eine Liste, deiner bereits erlebten Erfolge.

Schreib wirklich jeden Termin auf. Als Beispiel: die Geburt eines Kindes, eine erfolgreiche Gehaltsverhandlung, als du in der Schule gute Noten oder Prüfungen geschafft hast, wie du einen wichtigen Kunden gewinnen konntest uvm.

Dann wähle eine Situation aus. Setze dich auf einen Stuhl und mache die Augen zu. Stell dir vor, du bist in einem Freiluftkino mit einer riesigen Leinwand. Auf dieser Leinwand erscheint genau die von dir gewählte Situation.

Durchlebe die Situation noch einmal. Nimm die Farben um dich wahr, nimm wahr, wer alles da war, nimm wahr, wie du dich gefühlt hast, nimm wahr, was du getan und gesagt hast, nimm wahr wie es gerochen hat, nimm alle Details so gut wie möglich wahr.

Nimm wahr wie die Situation genau verlaufen ist und welches Gefühl du am Ende hattes. Wenn dieses Gefühl auftaucht dann legst du deine Hand dorthin, wo dieses Gefühl aufgetaucht ist.

Du lässt die Hand dort einige Minuten lang und ballst sie dann zu einer Faust. Dieses Gefühl des Erfolges, den du damals hattest, ist nun immer und jederzeit – blitzschnell abrufbar, indem du deine Hand zu dieser Faust machst. Dann ist immer und jederzeit dieses Gefühl sofort wieder da.

Das machst du nun regelmäßig mit mehreren Situationen und holst dir dieses Gefühl des Erfolges jeden Tag mindestens einmal wieder her.

Ziel ist es, dass du eine Zeit lang jeden Tag dieses Gefühls des Erfolges in dir verspürst. Jeder Mensch hatte in seinem Leben schon viele Erfolge. Wir sehen sie nur nicht mehr. Und diese Übung hilft dir dabei, dich zu erinnern.

Nimm dir etwas vor und ziehe es durch

Du gehst so eine Art Challenge mit dir selber ein. Du nimmst dir zB vor

- 30 Tage ohne Zucker zu essen
- 30 Tage keinen Alkohol zu konsumieren
- 30 Tage nur vegetarische/vegane Ernährung
- 30 Tage kein Fernsehen
- 30 Tage mindestens 10 KM Laufen

Und so weiter und sofort.

Warum immer 30 Tage?
Verhaltensforscher haben herausgefunden, dass der Mensch ca. 30 Tage braucht, bis er eine Tätigkeit zur Gewohnheit gemacht hat.

Wenn du dein Selbstvertrauen stärken willst, musst du nämlich lernen dir selbst zu vertrauen. Ein wichtiger Schritt dabei ist, dass du zu deinem Wort stehst.

Wenn du dir etwas vornimmst und es durchziehst, lernt dein Verstand, dass er dir vertrauen kann und du nicht heute dies sagst und morgen das machst

Am cleversten ist es natürlich, wenn du einen Bereich suchst, in dem du schon länger endlich vorankommen wolltest!

Ziel dieser Übung ist Vertrauen in dich selber zu bekommen und Schritt für Schritt Ziele zu erreichen.

Zeig dich

Wenn du ein Instagram Account hast, dann nimm dir vor in der kommenden Woche täglich mindestens einmal pro Tag eine Story von dir aufnimmst.

Wenn du noch nicht weißt, wie das geht, dann schau dir ein Youtube Video an.

In einer Story erzählst du 15 Sekunden lang, denn länger geht das gar nicht, welche Erkenntnisse du an diesem Tag hattest.

Ich weiß, ich habe oben geschrieben, dass du den Konsum von Social Media unbedingt einschränken sollst. In dieser Übung geht es aber ganz stark darum, dass du dich zeigst und etwas von dir mitteilst. Jeder Mensch hat etwas zu teilen und genau das wollen andere Menschen hören oder sehen.

Ziel dieser Übung ist es, dich zu zeigen. Du wirst dann auch mit Sicherheit positive Rückmeldungen haben, die dich bestärken.

Nach dieser Woche kannst du ja entscheiden, ob du mit weniger Input weiterfährst oder aufhörst.

Geh aus deiner Komfortzone heraus

Mit Komfortzone ist gemeint, dass du nur das tust, was du schon kennst. Tagein Tagaus.

Nimm dir vor, täglich etwas Neues zu tun oder zu sagen oder zu unternehmen.

Beispiel:

- du sprichst heute fremde Menschen einfach an
- du forderst von deinem Chef eine Gehaltserhöhung
- du rufst jemanden an, mit dem du schon lange keinen Kontakt mehr hattes

und vieles mehr.

Je größter die Angst desto größer dein Wachstum und je Selbstbewusster wirst du.

Ziel dieser Übung ist es dein Selbstwertgefühl durch Mut zu steigern!

Nicht jammern

Hin und wieder jammern kann durchaus entlastend und befreiend wirken. Wenn das Jammern allerdings zur Gewohnheit wird, belastet dies deinen Körper, deinen Geist und eine Seele.

Probiere eine ganze Woche nicht zu jammern, dich nicht zu beklagen, nicht zu meckern. Damit meine ich auch konkret kein einziges Schimpfwort auszusprechen.

Wenn du auch nur an einem einzigen Tag ein Schimpfwort ausgesprochen oder du dich beklagt oder gejammert hast beginnt die Woche von neuem.

Du wirst bald bemerken, dass es nicht so einfach ist, wie es jetzt klingt. Mache dir bewusst, ob, wie oft, bei wem und in welchem Zusammenhang du jammerst.

Wenn du dich dann beim Jammern ertappst, sagst du dir (in Gedanken) laut STOPP. Dann versuche stattdessen, etwas Positives in der Situation (die zum Jammern verleitet) zu sehen. Die Woche beginnt natürlich wieder von vorne, sobald du dich einmal dabei ertappt hast.

Ziel dieser Übung ist es deine Gedanken kontrollieren zu lernen und dich auf das zu fokussieren, was gut ist!

Nachwort

Mit diesem Buch und mit diesen wertvollen Tipps und Übungen bin ich mir ganz sicher, dass du am Ende mehr Selbstliebe zu dir spürst, mehr Selbstbewusstsein haben wirst und mehr Selbstverantwortung in deinen Gedanken und deinem Leben Einzug halten wird.

Jeder Mensch hat manchmal das Verlangen nach mehr Selbstliebe und Selbstwert. Wie überall im Leben sind das Training und auch das richtige Umfeld.

Lass dir von anderen nicht einreden, dass du nicht gut genug bist, dass du das nicht kannst, dass du dafür nicht geschaffen bist.

Verfolge deine Träume, sei konsequent und trau dir mehr zu als bisher, dann steht einem erfüllten Leben wirklich nichts mehr im Wege.

Tu es einfach, denn du bist größer als du denkst und du bist so wie du bist vollkommen gut!

DU BIST EIN GESCHENK FÜR DIESE WELT

Deine

Anna Weidinger

Haftungsausschluss

„Die Verwendung der Informationen in diesem Buch und die Umsetzung derselben erfolgt ausdrücklich auf eigenes Risiko. Der Autor kann für etwaige Unfälle und Schäden jeder Art, die sich bei der Zubereitung der Speisen ergeben, aus keinerlei Rechtsgrund die Haftung übernehmen. Haftungsansprüche gegen den Autor für Schäden jeglicher Art, die durch die Nutzung der Informationen in diesem Buch, bzw. durch die Nutzung fehlerhafter und/ oder unvollständiger Informationen verursacht wurden, sind ausgeschlossen. Folglich sind auch Rechts- und Schadenersatzansprüche ausgeschlossen. Der Inhalt dieses Werkes wurde mit größter Sorgfalt erstellt und überprüft. Der Autor übernimmt keine Gewähr und Haftung für die Aktualität, Korrektheit, Vollständigkeit und Qualität der bereitgestellten Informationen. Druckfehler können nicht vollständig ausgeschlossen werden. Weiterhin beruht der Inhalt dieses Werkes auf persönlichen Erfahrungen und Meinungen des Autors. Der Inhalt darf nicht mit medizinischer Hilfe verwechselt wer-den."

Impressum

Kontakt: Karin Schartner, Zaglausiedlung 24, 5600 St. Johann im Pongau
Covergestaltung & Coverfoto: fiverr.com

45163246R00063

Printed in Poland
by Amazon Fulfillment
Poland Sp. z o.o., Wrocław